Johannes Vogel / Patricia Braun

# OUTDOOR-ABENTEUER MIT SURVIVAL-JOE

## Tolle Sachen draußen machen

Bildnachweis: Alle Bilder und Illustrationen stammen, sofern nicht anders angegeben, von Johannes Vogel und Patricia Braun.

Foto Waldhütte (Ausschnitt), Seite 63: iStock.com/Kattiyaearn,
Foto Dachs, Seite 84: iStock.com/JonathanFaulknerPhotography,
Foto Krähennest, Seite 85: iStock.com/Yougen.

Gewidmet allen kleinen und großen Abenteurern.



ISBN 978-3-613-50830-9



1. Auflage 2016

Sie finden uns im Internet unter:
www.pietsch-verlag.de



Lektorat: Susanne Fischer
Innengestaltung: Patricia Braun, www.patriciabraun.de
Druck und Bindung: Graspo CZ, 76303 Zlin
Printed in Czech Republic

# INHALT

# DIE NATUR
## ist der beste Lehrer

Im Rahmen unserer Kurse in der Survival- und Bushcraftschule besuchen uns sehr häufig Eltern, die das inhaltliche und didaktische Handwerkszeug erlernen möchten, um mit ihren Kindern sinnvolle und lehrreiche Zeit in der Natur zu verbringen. Tatsächlich ist die Beschäftigung mit und in der Natur eine intensive Erfahrung für jeden.

Es gibt kaum einen anderen Bereich, der Erfolge so unmittelbar belohnt, aber auch Misserfolge »sanktioniert« und somit ein unmittelbares Lernerlebnis ermöglicht. Diese »Naturdidaktik«, also Unterricht, der von Natur und Umwelt ausgeht und nicht von einem Pädagogen, ist ebenso effektiv wie die Fokussierung aller anwendbaren Sinne auf die komplexen, aber dennoch vergleichsweise einfach nachzuvollziehenden Beziehungen zwischen Menschen, Tieren und Pflanzen.

*Die Auseinandersetzung mit und Aktivitäten in der Natur ermöglichen unmittelbare Lernerlebnisse.*

Dieses veränderte Reizempfinden in der Natur scheint auch immer wieder Kursteilnehmer dazu zu verleiten, Kinder mit Aufmerksamkeitsstörungen zu den Seminaren mitzubringen. Tatsächlich lässt sich ein positiver Effekt auf die Konzentrationsfähigkeit feststellen, wenn Kinder sich mit der Natur beschäftigen. Im Gegensatz zur oft unbewusst erlebten Reizüberflutung (auch das stille Sitzen am Schreibtisch strapaziert unsere Sinne, die auf das Rauschen der Bäume, Knacken im Wald und natürliches Licht ausgelegt sind) lassen sich draußen einfacher und entspannter Erfahrungen machen.

Allerdings sind vom Leben in der Natur und dem Lernen mit der Umwelt keine Wunder zu erwarten. Konsumiert das Kind tagtäglich actiongeladene Filme, spielt mit Gameboy und Playstation und wächst als »Digital Native« auf, ist es oft sehr schwierig, das Verlangen nach und Verständnis für die Beschäftigung mit der Natur zu erreichen. Jedoch gibt es immer wieder Schnittpunkte, die jeden begeistern können, sei es das Entzünden von Feuer, die Jagd oder die Beobachtung von großen Tieren. Diese Erfahrungen können auch den eingefleischten »Stubenhocker« faszinieren. Dabei ist es unbedingt notwendig, **dass ein Kind einen erfahrenen »Mentor« an die Hand bekommt, wenn es sich das erste Mal intensiv mit der Natur beschäftigt.** Ein solches Vertrauensverhältnis steigert die Selbstsicherheit bei der Beschäftigung mit dem ungewohnten Terrain und kann Schritt für Schritt eine immer intensivere Beschäftigung mit der Natur ermöglichen.

Für diesen Zweck haben wir eine Reihe von kind- (und jugend-)gerechten Workshops zusammengestellt, die aufeinander aufbauend jeweils in einigen Stunden durchgeführt werden können. Die Tätigkeiten sind so ausgewählt, dass sie in Intensität und Anspruch gesteigert bzw. erschwert werden können. So werden Sie als Pädagoge, als Vater oder Mutter viel gemeinsame Zeit mit dem »Schüler« draußen verbringen.

Dieses Buch funktioniert über mehrere kurze Lese- und Bildgeschichten. Auf Basis einer solchen Geschichte, die am Abend oder Morgen vor dem »Aktionstag« vorgelesen und besprochen werden kann, begibt sich der Mentor mit seinem Schüler in die Natur, um diese zu erfahren.

**Damit das Vertrauensverhältnis nicht nur in der persönlichen Beziehung, sondern auch fachlich funktioniert, ist jeder Geschichte eine detaillierte Anleitung zu den entsprechenden Techniken angehängt.** Auf diese Weise können Sie sich als Mentor auch auf eventuelle Fragen Ihres Schützlings gut vorbereiten – denn: Fragen wird es geben.

Während Handy, Computer oder die Programmierung des Blue-Ray-Players heutigen Kindern und Jugendlichen wohl bekannt sind, müssen sie das Verhältnis zur Natur und das dazu notwendige Verständnis neu erlernen. Nur selten, beispielsweise in Waldkindergärten, gibt es die Möglichkeit, dies langfristig zu tun.

Das Programm für dieses Buch wurde gemeinsam mit erfahrenen »Survivaleltern« und »Naturdidakten« zusammengestellt, ohne sich durch bestimmte Tabus oder weltanschauliche Einstellungen einschränken zu lassen. Zum Leben gehört beispielsweise die Ernährung. Zur Ernährung gehört das Pflanzensammeln, aber auch der Tierfang und die Jagd.

In diesem direkten und erlebbaren Bezug lässt sich nicht nur das Wissen über den Ursprung unserer Lebensmittel oder unserer Baumaterialien wie Holz und Stein erwerben, sondern auch eine Wertschätzung der Nahrungsmittel, als deren Quelle die meisten nur den Supermarkt kennen. Es ist also ein didaktisch aufbereitetes »Steinzeitprogramm«, bei dem das Erleben, Lernen und Wissen im Mittelpunkt steht – so wie es seit vielen Tausend Jahren war – und nicht ganze Lebensbereiche ausgeblendet werden, um dem modernen »Zeitgeist« zu entsprechen. Das Kind wird es Ihnen danken – es ist wissbegieriger, mental und körperlich robuster, als Sie vielleicht annehmen.

*Beschäftigung mit der Natur heißt, die Wertschätzung der Natur (wieder) zu erlernen.*

In der Zeit, während der Sie sich durch die Natur bewegen, sollten Sie auf jegliche elektronische Hilfsmittel verzichten. So erlauben Sie es allen beteiligten Protagonisten, in die Natur und in die Geschichte – in den Stadtwald, also in den Dschungel – einzudringen und sich dort zurechtzufinden.

Wichtig dabei ist, dass Sie sich selbst entsprechend vorbereiten und die Techniken so gut wie möglich im Voraus erlernen und beherrschen sollten, um die auftauchenden Fragen des Kindes befriedigend beantworten zu können. Es wird also nicht nur das Kind eine Menge Neues lernen, sondern auch Sie werden sich mit den entsprechenden Techniken und Arbeitsmitteln vertraut machen müssen.

*Immer gut vorbereitet ins Abenteuer starten!*

**Wir wünschen Ihnen bei dieser Arbeit und dem späteren Austesten und Anwenden aller Techniken eine sichere Anwendung und viel Spaß und Erfolg.**

*Joe Vogel & Patricia Braun*

# Mit diesem Buch arbeiten

Sie werden bemerken, dass dieses Buch *anders* ist. Es ist Vorlese- und Lesebuch für Kinder und ein Technik- und Anleitungsbuch für Erwachsene.

**Warum?**

Nicht nur Kinder – alle Menschen benötigen eine Anleitung, einen roten Faden, um sich in der Natur sicher zu fühlen. Das mag vielleicht auch damit zusammenhängen, dass die Beschäftigung in der Natur mittlerweile ungewohnt geworden ist. »Was mache ich denn jetzt?«, ist eine wichtige und sehr häufige Frage, wenn man sich entschieden hat, das erste Mal nicht mehr den Feld- und Waldwegen zu folgen oder virtuell vorgegebenen Wegen des GPS beim Geocachen und Pokémonsammeln. Diese Unsicherheit und die zunächst fehlende Orientierung ist der Grat, an dem viele scheitern. Heute, wo Mobiltelefon und damit das Internet ständige Begleiter sind und das »Stromern« und »Rumräubern« im Wald als ineffizient, da nicht ziel- oder leistungsorientiert wahrgenommen wird, ist es wichtiger denn je, diese Unsicherheit als »Waldbohème« zuzulassen. Allerdings ist es vor allem zu Beginn der Beschäftigung mit Umwelt und Natur hilfreich, wenn man eine Art Leitfaden zur Hand hat, der eine Auswahl an Tätigkeiten mit einem Lern- und Gewöhnungseffekt vorschlägt.

Dieses Buch möchte Kinder und Eltern *abholen* und sie inhaltlich sowie fachlich beim Erleben begleiten. Deshalb ist es getrennt in einen Vorlese- und in einen Workshopteil.

Die Vorlesegeschichte beschreibt die Abenteuer des kleinen Survival-Joe, der zum ersten Mal alleine draußen unterwegs ist und viele Abenteuer zu bewältigen hat. Die Geschichte ist in Episoden gegliedert, die jeweils in sich abgeschlossene Szenarien abhandeln, die mit den Kindern nachgespielt/nacherlebt und in jede erdenkliche Richtung weiterentwickelt werden können. Die Episoden beinhalten außerdem lehrreiche und spannende Zusatzinformationen zu Tieren, Pflanzen und Naturthemen, die jeweils das Potential für einen Tag »Naturarbeit« haben.

*Kindgerechte Abenteuer sind keine Schulstunden nach Lehrplan, sondern genügen sich selbst.*

Die Szenarien sowie die Zusatzinformationen sind durch Illustrationen kindgerecht aufbereitet und sollen gemeinsam mit der Abenteuergeschichte den Eltern und Kindern Lust machen, rauszugehen und die Natur und Umwelt aufmerksam mit allen Sinnen zu erfassen.

Das eigentliche Lernen ist hier ganz klar nicht das erklärte Ziel, sondern sollte als Mittel zum lustvollen Umgang mit der Umwelt verstanden werden.

## Nebenbei lernen!

Dieses Buch soll ein Gegenentwurf zu einem leistungsorientierten Lernen sein, mit dem die Kindheit sowieso schon belastet genug ist. Bei den angewandten Survivaltechniken ist die Lust am Lernen, die Bereitschaft zu variieren, sich in nicht-menschliche, aber auch nicht-technische Ordnungssysteme zu integrieren und vor allem das Scheitern *oder* der Erfolg das Ziel. Die eigentliche Technik soll so gezielt in den Hintergrund treten und zum Vehikel für Lachen, Spannung und Staunen werden. Ganz nebenbei werden dabei Werte und Wissen vermittelt, die unglaublich wichtig für die Selbstsicherheit des Kindes sein können.

*Lehrreiche Abenteuer sind vor allem Abenteuer – das Lernen hat dem Erlebnis zu folgen.*

Wir möchten es »kindgerechte Autarkie« nennen, die durch die indirekte Wissensvermittlung erfolgt. Wer mit dem »Indiandergang« anhand von Fährten den Weg durch ein Gestrüpp sucht und hinter jeder Biegung ein neues Tier erwartet, lernt dabei nicht nur neue Bewegungsabläufe, die die Körperbeherrschung trainieren und den Gleichgewichtssinn verbessern, sondern lernt auch, die Natur zu beobachten, sich ruhig zu verhalten, geduldig zu sein und nicht zuletzt: Spuren zu lesen und Fährten zu finden.

## Das Abenteuer nacherleben

Die Vorbereitung als Elternteil oder Pädagoge kann so verlaufen, dass die Geschichte am Stück vorgelesen wird und dann einzelne, für das Kind besonders spannende Anleitungen ausgewählt und als »Einstiegshilfe« zur Naturbeschäftigung verwendet werden. Oder aber die Techniken und Anleitungen werden chronologisch durchgeführt, und nach Abschluss der »Natursession« wird der nächste Teil vorgelesen und die nächste Aufgabe angegangen.

*Aufeinander aufbauende Workshops und Spannungsbögen halten Kinder »am Ball«.*

Letztere Vorgehensweise hat sich in Tests sowie Gesprächen mit erfahrenen »Survivaleltern« und Naturpädagogen als besonders effektiv herausgestellt, da die Techniken teilweise aufeinander aufbauen und der Spannungsbogen über Wochen aufgebaut werden kann. Wahrscheinlich können es die Kinder gar nicht mehr erwarten, den nächsten Abschnitt zu verfolgen und zu erleben – auch wenn es in Strömen regnet.

## Scheitern zulassen

Wie weiter oben bemerkt, ist die Beschäftigung mit der Natur das primäre Ziel, nicht der Erfolg einer Technik. Dies sollten Sie auch zu Beginn dem Kind entsprechend vermitteln: Joe ist auf seiner Reise, nachdem er lange Zeit mit seinen Mentoren zum Lernen im Wald war. Und genau in dieser Situation der »Vorgeschichte« befinden Sie sich. Hier heißt es ausprobieren, experimentieren und sich über Fehlschläge und Misserfolge nicht zu grämen, sondern herzlich zu lachen. Darum geht es: zu machen, zu probieren, zu experimentieren.

Es gibt kein Versagen, sondern jedes Mal kann Neues dazugelernt werden: Nachdem die Laubhütte zusammengebrochen ist, wird sie das nächste Mal mit stabilerem Holz aufgebaut. Wenn das Floß langsam, aber sicher untergeht, lernt man, dass die Schwimmkörper größer ausfallen sollten und so weiter. Wichtig ist dabei allerdings, dass Sie die Vorarbeit geleistet haben, um bei Versuchen zu helfen, anzuleiten und beratend zur Seite zu stehen. Die Techniken sollten also *allesamt* von Ihnen vorher gelernt und geübt werden.

## Vertrauen aufbauen

Spannend ist immer, was nicht erlaubt ist. Das ist in der Naturpädagogik nicht anders als daheim. Viele Techniken liegen im Graubereich des heute in der Pädagogik Denkbaren oder Zulässigen. Das beginnt schon beim Kraxeln durch das Unterholz, wo das Kind in einen Dorn treten könnte, geht weiter über das Entzünden eines Feuers und endet beim Fang, der Tötung und Zubereitung von Fischen. Kinder erkennen diese Tabuthemen sehr sicher und drängen in diese Bereiche vor. Hier ist es wichtig und auch notwendig, einerseits die entsprechenden Grenzen aufzuzeigen (»Feuer nur, wenn ein älterer *Mentor* dabei ist!«), andererseits auch dem Kind Vertrauen zu schenken.

Wenn das Kind Schnitztechniken gelernt hat und dann sein eigenes Fahrtenmesser geschenkt bekommt, dann wird dies eines der prägenden und wichtigen Highlights des Jahres sein! Die Abmachung sollte dabei die folgende sein: Es muss klar sein, dass das Messer nur im geschützten Raum als Werkzeug benutzt wird, der Zugriff darauf aber nicht reglementiert ist. Diesen Weg gehen viele »Survival-« oder »Bushcrafteltern« und haben damit Erfolg.

Andersherum betrachtet gilt aber auch: Wenn ein Kind ungefragt mit dem Messer raus in den Wald geht (und an ein Messer kommen Kinder immer), sollte es wenigstens wissen, wie es damit umzugehen hat, und es sollte keine Sorge haben, zu melden, wenn dann doch einmal etwas passiert ist. Diese kleinen Grenzüberschreitungen gehören ebenso zum Kindsein dazu wie die Selbstdisziplinierung, wenn es merkt, dass ihm großes Vertrauen und damit auch Wertschätzung gegenüber seiner Reife entgegengebracht wird.

Und seien wir ehrlich zu uns selbst: Als wir klein waren, haben wir auch jede nur erdenkliche Grenze ausgereizt – und überreizt – und das eine oder andere Feuerchen entzündet sowie uns mehr als einmal mit dem Taschenmesser tief in die Finger geschnitten.

## Stromern lernen

Dieses Buch möchte Ihnen den Weg in den Wald mit Kindern vereinfachen und Ihre Abenteuer durch zusätzliche Ideen und Anregungen bereichern. Es soll aber nicht als starres Korsett der »zu erlebenden Tätigkeiten« verstanden werden.

Lassen Sie Ihrem Kind – und vor allem auch sich selbst – die Möglichkeit, zu assoziieren, zu entwickeln und auch einfach mal auf dem *Weg zum Ziel* an- und innezuhalten. Wenn Sie an einem warmen Sommertag Badehose, Kühlbox, Sonnencreme und Handtuch für Schwimmübungen eingepackt haben, auf dem Waldweg zum See eine Blindschleiche entdecken, diese zuerst beobachten, um dann einer nahen Ameisenstraße zu ihrem Haufen zu folgen, dann ist dies ein höchst erfolgreicher Tag. Auch wenn Sie nicht das vorgenommene Ziel erreicht haben.

*Kleine Schritte: Werden Outdooraktivitäten zur Pflicht, verlieren Kinder leicht die Lust daran.*

Erwachsene neigen dazu, Tätigkeiten möglichst zielorientiert und mit geplantem Ausgang in Angriff zu nehmen. Dies sollten Sie bei der Waldarbeit mit Kindern anders machen: Zwang kann das schönste Erlebnis vergällen und die Lust am Draußensein in eine lästige Pflicht verwandeln. Ist dieser Punkt erreicht, ist es für ein Kind sehr schwer, wieder Begeisterung zu empfinden. Zu großer Ehrgeiz und Leistungsdruck der Erwachsenen dämpfen nicht nur Interesse und Lernbereitschaft, sondern auch Neugier, Kreativität und Eigenständigkeit.

Geben Sie dem Kind – und nehmen Sie sich – die Auszeit vom alltäglichen Pflichtgefühl und lassen Sie sich treiben.

**Sie werden auch ohne »Fahrplan« eine lehrreiche und spannende Zeit draußen erleben!**

Kommt mit
und begleitet Joe
auf seinem Abenteuer!

Kapitel 1

# Die Prüfung

Tief in den Wäldern am Ufer des großen Flusses stehen ein paar Hütten aus faulig riechendem Holz und Lehm. Die Schilfdächer haben viele kalte Winter und regnerische Sommer erlebt. Am Fluss liegen einige Kanus aus dicken Holzstämmen. Hühner scharren in der Asche der großen Feuerstelle nach liegen gebliebenen Haselnüssen und Wurzeln vom letzten Abend. Ein kleiner zerzauster Hund vergräbt einen Knochen. Aus der Ferne sind Stimmen zu hören, die immer lauter werden. Stöcke knacken und plötzlich wuselt es auf dem Dorfplatz von Kindern.

Mit Speeren und gebogenen Stöcken werfen sie auf eine Zielscheibe, die an der größten und längsten Hütte hängt. Andere haben sich an der kalten Feuerstelle versammelt und werkeln. Schon kurze Zeit später züngeln die ersten kleinen Flammen aus dürren Ästen. Eine kleine Gruppe von Mädchen und Jungen bürstet erdige Wurzeln sauber, die sie in den letzten Stunden aus dem schlammigen Waldboden gegraben haben.

Nur einer spielt und tanzt nicht mit. Joe, ein etwas älterer Junge, sitzt etwas abseits im Schatten einer knorrigen Eiche. Ganz ruhig sitzt er da und ist doch so aufgeregt. Morgen im ersten Sonnenlicht wird er sich aufmachen. Ganz alleine.

Nachdem er viele Male zusammen mit seinen älteren Freunden und mit seinem Vater auf der Jagd, beim Sammeln von Früchten und Wurzeln und beim Fischfang gewesen war, rief ihn eines Tages der älteste Mann im Dorf zu sich.

Der dünne, runzelige Mann mit weißem Haar und langem Bart sagte zu ihm: „Nach all den Jahren, die du mit deinen Lehrern im Wald warst, ist es nun an der Zeit, dass du auch alleine fortgehst. Alles, was du gelernt hast, wird dich auf deiner Reise begleiten. Achte den Wald, den Fluss, alle Tiere und Pflanzen und schütze sie – dann werden sie auch auf dich achten und dich beschützen."

Das war nun einige Monate her. Seither hatten ihm die Älteren noch viele Dinge beigebracht, die er sicherlich gut würde brauchen können.

Am nächsten Morgen, als die ersten Sonnenstrahlen das glatte Wasser am Ufer rot und blau färben, schiebt sich ein kleines, mit Fischernetz und Speer beladenes Kanu lautlos ins Wasser. Stolz und aufrecht steht darin unser kleiner Joe. Aufgeregt stochert er den Kahn in die Mitte des Flusses, bis ihn die Strömung mitnimmt. Bevor der Flusslauf eine Kurve macht, schaut er noch ein letztes Mal zurück zum Dorf und sieht die dürre Gestalt des Ältesten am Wasser.

Begleiten wir Joe auf seinem großen Abenteuer.

Workshop auf Seite 67

# Kapitel 2

# Wiesenbewohner

Es ist noch nicht so lange her, dass Joe mit seinem Boot aufgebrochen ist. Langsam und ruhig strömt der Fluss. Das Ufer ist dicht bewachsen mit Brennnesseln und allerlei stacheligen Ranken. Hier und da wachsen Weiden am Ufer, deren Äste bis ins Wasser hängen. Während es langsam heller wird, raschelt und knackt es im Unterholz. Die grummeligen Dachse, die in der Nacht nach Regenwürmern und fetten Maden scharren, sind auf dem Heimweg zu ihren Höhlen. Amseln und Finken dagegen sind erst aufgewacht und suchen hell zwitschernd nach ihrem Frühstück.

Plötzlich ist ein greller Pfiff zu hören. Wie ein blauer Blitz saust ein Eisvogel an Joe vorbei, der in einer Außenkurve etwas näher ans Ufer treibt. Hier liegt eine in der Hälfte abgebrochene Pappel im Wasser. Auf ihrem Stamm läuft wippend ein kleiner Vogel mit weißem Kopf, dunklem Hals und schwarzem Käppchen umher. Es ist der Bachstelzenmann beim Brauttanz.

Dort, wo die Sonnenstrahlen die Wasseroberfläche erreichen, sieht man kleine, kaum handlange Fische kurz über dem Gewässergrund stehen. Als das Boot vorbeigleitet, fliehen sie kurz und schwimmen in einem engen Bogen zurück an ihre Stelle.

„Hier ist ein guter Platz für eine Rast", denkt sich Joe, als er am kiesigen Ufer anlegt.

Mit einem scharrenden Geräusch kommt das Boot zum Halt. Hinter dem dichten Streifen aus Weiden, Brombeeren und Pappeln liegt eine Wiese. Die hüfthohen Halme wiegen sich im leichten Wind. Zerstreut wächst hier die blaue Kornblume mit ihren fransigen Blüten. Die goldgelben, aber giftigen Butterblumen glänzen im Sonnenschein.

Joe mag es sehr, durch Wiesen zu laufen und die pummeligen Hummeln und fleißigen Bienen zu beobachten, die von Blüte zu Blüte fliegen und sie dabei bestäuben. Plötzlich richtet sich ein Halm auf, als ob er wie eine Sprungfeder losgelassen wurde. „Da sind ja Heuschrecken!“, ruft Joe. Und tatsächlich. Wenn man genau hinschaut, springt und hüpft es über die Wiese, dass es ein Spaß ist.

Früher hat Joe zusammen mit seinen Freunden körbeweise Heuschrecken gesammelt und nach Hause gebracht. Dort wurden sie geröstet und getrocknet. Er fängt ein paar davon in der hohlen Hand. Und verspeist gleich die eine oder andere. „Roh schmecken die ein wenig sonderbar. Aber geröstet sind sie echt klasse“, weiß er.

So läuft er über die Wiese hin und her, bis er eine Hosentasche für später gefüllt hat. Erschöpft kommt er wieder am Boot an und legt sich an den warmen Kiesstrand. Er ist sehr müde geworden.

Workshop auf Seite 68 f.

Kapitel 3

# Der große Regen

„Da war doch was!" Als Joe die Augen aufschlägt, blenden ihn einzelne Sonnenstrahlen, die durch das dichte Blätterdach fallen. Die Sonne steht schon ziemlich tief. Die Schatten wandern und werden immer größer. Die dunklen Umrisse der Bäume zeichnen sich bedrohlich gegen den Himmel ab.

Mit einem tiefen Brummen fliegt ein dicker Hirschkäfer knapp über Joe hinweg. Wo vorhin noch Vögel fröhlich zwitscherten, liegt nun eine schwere Stille über dem großen Fluss.

Joe wischt sich den Schweiß von der Stirn. „Ich muss ziemlich tief geschlafen haben", denkt er sich. Es ist drückend heiß, als er sich langsam aufrichtet. Noch ganz benommen ist er. „Aber was hat mich eben aufgeweckt?" Unsicher schaut er um sich, gähnt nochmal und reibt sich die Augen. Eine sonderbare Stille. Nichts zu sehen. Nichts zu hören. „Aber da war doch irgendwas."

Im trockenen Laub ganz in der Nähe raschelt es leise. Behutsam und ganz langsam schleicht sich Joe näher. „Ob mich das Rascheln geweckt hat? Was kann das denn nur sein?" Als er vor dem kleinen Laubhaufen steht, schaut er genau hin. Fast in der Mitte, verdeckt von etwas Reisig, ist ein kleines schwarzes Würmchen zu sehen, das ganz schnell den Kopf auf und ab bewegt. Dann ist es plötzlich

wieder verschwunden. Es raschelt wieder. Diesmal sieht Joe kein Würmchen mehr. Dort wo es eben verschwunden ist, erkennt er einen kleinen flachen Kopf mit gelben Backen. „Ach so, da ist ja nur eine kleine Ringelnatter“, ruft er erleichtert.

Die Schlange schaut Joe aus ihren kleinen Augen an und dann erscheint wieder das Würmchen, das in Wirklichkeit ihre Zunge ist. Kurz hebt die Ringelnatter ihren Kopf an und hält ihn dann ganz schräg. Dann schlängelt sie eilig davon. Das Laub raschelt nochmal, schon ist sie weg und nur noch ganz kurz ist ein zartes schleifendes Geräusch zu hören.

Wenige Momente später ist noch einmal ihr Kopf zu sehen, der jetzt im Zick-Zack über die Wasseroberfläche auf die andere Uferseite gleitet. „Die geht jetzt bestimmt einen Frosch oder einen Fisch als Abendessen fangen!“, denkt sich Joe. „Aber die Schlange hat mich bestimmt nicht aufgeweckt. Die ist viel zu leise.“

Joe beobachtet, wie die Ringelnatter im Ufergebüsch der anderen Flussseite verschwindet. Ein einsamer Mauersegler fliegt so nah über dem Wasser, dass seine Flügel fast die Oberfläche berühren. Ganz hektisch fliegt er enge Kurven, steigt in den Himmel auf, macht einen weiten Salto und fliegt im Sturzflug in eine andere Richtung.

Immer wenn er aufsteigt, macht er ein pfeifendes Geräusch. Das hohe Fiepen des Mauerseglers ist Joe vertraut. Dadurch ist er sicher auch nicht wach geworden.

Plötzlich wird es ganz dunkel, als ob jemand einen Vorhang zugezogen hätte. Ein tiefes drohendes Grollen ist in der Ferne zu hören. „Das war es! Einen Donner habe ich gehört!" Ganz weit weg noch, aber das kann jetzt schnell gehen: Regen und Gewitter!

Joe zieht sein kleines Kanu weiter ans Ufer, bindet es gut fest und sucht sich eine etwas höhere Stelle. Wenn es stark regnet, kann der Fluss nämlich ansteigen. Ein paar Meter über der Wasseroberfläche ist eine kleine, von Moos bewachsene Ebene. Hier ist der ideale Platz für ein Lager. Keine Bäume, die umstürzen können, und versteckt genug, dass ihn hier auch kein Blitz finden wird.

Wie eine emsige Ameise schleppt Joe nun Stöcke heran, schleift einen großen abgebrochenen Ast mit Laub unter einem Baum hervor, zerrt Reisig aus dem Unterholz und sammelt trockene Algen, Laub, Moos und Stroh.

In einiger Entfernung sitzt auf einem großen Baumstumpf ein Waldkauz, der von dem ganzen Radau geweckt wurde und verschlafen beobachtet, wie Joe mit schnellen Schritten immer zwischen Lagerplatz und Ufer und Lagerplatz und Wiese hin und her läuft.

Auf dem Boden breitet Joe etwas von dem trockenen Polstermaterial aus. „Das wird eine ziemlich bequeme Matratze“, denkt er sich. An einer Seite steckt er eine Astgabel in den Boden und legt einen langen Stock darüber. Kurze Zeit später verteilt er schon Reisig, viele Stöcke, Moos und Laub auf dem Gerüst. „Das ist ganz schön viel Arbeit! Dafür wird das aber auch eine tolle Höhle, die ich mir da baue!“

Als Joe schließlich mit den Füßen voran in den kleinen Unterschlupf kriecht, klatscht ihm ein dicker Tropfen genau auf die Nase. „Gerade noch rechtzeitig!“, sagt er sich und macht, dass er ins Trockene kommt.

Kurz darauf ist vom Fluss nichts mehr zu sehen. Eine dichte Regenwand wie graue Bindfäden versperrt jeden Blick. Joe kuschelt sich in seine Höhle. Als es endlich aufhört zu gewittern und die Sonne untergeht, fühlt er sich sehr alleine und er muss daran denken, wie daheim wahrscheinlich alle seine Freunde und Geschwister gemeinsam in der großen Hütte ums Feuer kauern und sich bestimmt Sorgen um ihn machen.

Viel schläft Joe nicht in dieser Nacht. Aber immerhin hat er es trocken und warm.

Workshop auf Seite 70 f.

Kapitel 4

# Wertvolle Glut

Erst spät am nächsten Morgen erwacht Joe in seiner kleinen Hütte. Um ihn herum ist es klamm und es riecht nach Waldboden und Schlamm. In der Nacht sind eine Menge Laub und auch ein paar kleine Insekten auf ihn gefallen. Auf allen Vieren robbt er hinaus. Hier draußen ist es schon freundlicher.

Der Regen von gestern hat viele kleine Pfützen hinterlassen. Die Sonne wärmt den Boden und an manchen Stellen steigen feine Nebelschwaden auf.

Joe hat Durst, aber seine Feldflasche ist schon lange leer. Also nimmt er eine kleine, völlig zerbeulte und vom Ruß außen schwarz gefärbte Blechtasse aus seiner Tasche. Am Ufer läuft er einige Schritte ins Wasser und füllt seine Tasse. Aber das Wasser, weiß Joe, kann er so noch nicht trinken. Er muss es erst heiß machen, damit er kein Bauchweh bekommt. Da kann er sich gleich einen Tee auf einem Lagerfeuer kochen.

Joe darf eigentlich nur Feuer machen, wenn einer der Älteren dabei ist. Für seine große Reise wurde es ihm aber ausdrücklich erlaubt. Natürlich möchte er jetzt auch alles richtig machen. Auf dem Rückweg zu seinem Lager sammelt er einige große Kiesel am Ufer, die er sich in die Tasche stopft. Feuerstellen müssen nämlich immer gut vorbereitet werden,

damit man sich nicht verbrennt und damit das Feuer auch nichts anderes erhitzt, als das, was es soll. Deshalb legt er eine kleine Burgmauer aus Kieselsteinen um das Feuer. Um diese Mauer herum entfernt er alles, was brennen könnte: Laub und trockene kleine Hölzer. Die Feuerstelle sieht jetzt fast so aus wie ein kleiner, flacher Brunnen.

Joe nimmt einen ausgetrockneten Halm, den er zwischen den goldgelben Königskerzen auf dem Weg zur Wiese gefunden hat, zwischen seine Handflächen. Er reibt die Handflächen ganz schnell, so dass der Stängel sich dreht. Dabei drückt er ihn auf ein Stückchen morsches Holz, das er zu einem Brettchen geschnitzt hat. Schon kurze Zeit später riecht es nach Rauch, bald qualmt es auch. Ein wenig Glut liegt nun vor ihm.

„Jetzt kommt aber die Hauptaufgabe!“, denkt sich Joe. Er nimmt ein paar der weißen, flauschigen Pappelsamen, die überall herumliegen und ihn an die feinen Federn der Hühner in seinem Dorf erinnern. Denn immer wenn einer der Hunde die Hühner jagt, fliegen sie gackernd in den alten Eichenbaum und verlieren dabei so viele Daunen, dass es aussieht wie ein Schneegestöber.

Die Pappelsamen legt Joe in etwas trockenes Stroh, wickelt es zu einem lockeren Büschel und schüttet da hinein vorsichtig die Glut vom Holzbrettchen.

Jetzt pustet er in das Nestchen und kurze Zeit später ist Joe in dichten Qualm gehüllt. Plötzlich, mit einem „Wusch", brennt das Bündel lichterloh. Schnell legt es Joe in den Steinkreis und schichtet hustend noch ein paar dürre Zweige darauf. Er streut ein paar junge Blätter von den Brennnesseln, die hier überall in dichten Feldern wuchern, in seine Tasse mit dem Wasser und stellt sie neben die Glut.

Nachdem das Feuer heruntergebrannt und der Tee ein wenig abgekühlt ist, nimmt Joe die Tasse vom Feuer und trinkt einen großen Schluck. Er bekommt ganz rote Bäckchen – so gut schmeckt der Tee.

Auf der restlichen Glut röstet er sich noch die am Vortag gesammelten Heuschrecken. „So schmecken die schon viel besser: wie geröstete Nüsse und ganz knusprig", schmatzt Joe.

Jetzt ist es an der Zeit weiterzuziehen. Aber vorher holt Joe nochmal ganz viel Wasser vom Fluss, kippt es auf die Feuerstelle und bringt die Steine zurück. Von der Feuerstelle bleibt so nur ein nasser Fleck übrig. Die Hütte schichtet er zu einem großen Haufen um, damit auch die kleinen Feldmäuse und im Winter die Igel eine warme Stelle zum Schlafen haben.

Workshop auf Seite 73 ff.

# Kapitel 5

# Joe in Not!

Mit einem schmatzenden Geräusch löst sich das kleine Kanu vom schlammigen und weichen Boden. Durch den Regen war es ganz schön eingesunken. Ächzend dreht Joe das Boot auf die Seite, wobei seine Füße tiefe Tapser hinterlassen. Eine Menge Regenwasser fließt aus dem Boot und es ist schon gleich viel leichter. „Jetzt aber los“, denkt er sich, als er sich mit dem Paddel vom Ufer abstößt und vom Wasser mitgezogen wird.

Durch das Gewitter ist der große Fluss rotbraun gefärbt und hat eine kräftige Strömung bekommen. Richtig wohl fühlt Joe sich nicht. „Da ist ein ziemlicher Strudel“, schaudert er und steuert weiter in die Mitte des Flusses, wo das Wasser etwas ruhiger wird. Nun fährt das Boot fast wie von alleine. Nur hin und wieder muss er mit einem Paddelschlag etwas lenken.

In großen, ruhigen Schleifen schlängelt sich der Fluss durch den Wald. Das lehmige Ufer ist an manchen Stellen steil und durchlöchert wie ein Schweizer Käse. „In den kleinen Löchern ganz unten wohnen die Sumpfkrebse und da oben sind bestimmt Vogelnester drin“, erinnert sich Joe. An anderen Stellen läuft der Flussrand in manchmal kiesigen, oft aber sumpfigen Stränden aus.

Hinter einem großen Schilffeld öffnet sich eine kleine Bucht, die mit Seerosen und Binsen bewachsen ist.

Als das Boot vorbeitreibt, kommt plötzlich Bewegung an der Wasseroberfläche auf. Trotz des trüben Wassers sind die dunklen, schweren Leiber der Karpfen gut zu erkennen, die direkt unter dem Wasserspiegel zwischen den Wasserpflanzen nach Essbarem suchen. Hin und wieder schaut ganz kurz eine kleine Rückenflosse aus dem Wasser.

Kurz danach macht der Fluss eine lang gezogene Kurve. An dieser Stelle trifft sich das Gewässer mit einem zweiten, fast ebenso großen Fluss. Der andere ist viel weniger trüb und strömt rasend schnell in das träge, schlammige Wasser.

Ab nun ändert sich der Flussverlauf völlig. Immer wieder teilt sich das Flussbett in einen breiten und einen schmaleren Kanal. Im schmalen Teil rauscht das Wasser nur so durch, während die breiten Abzweigungen nicht ganz so schnell sind. Joes Kanu schwankt und hüpft auf den Wellen und immer wieder spritzt ein wenig Wasser hinein.

„Jetzt bloß keinen Fehler machen!“, denkt Joe. „Und immer im ruhigen Bereich bleiben.“ Doch da passiert es: Beim Versuch, in den nächsten langsam fließenden Abschnitt zu fahren, bleibt das Kanu mit der Spitze an einem Ast hängen. Mit mächtiger Kraft wird es an das Ufer gedrückt. Dort strömt das Wasser so schnell, dass ein großer Schwall in das kleine Boot schwappt. Wenige Momente später treibt der Einbaum umgedreht in den reißenden Kanal.

Doch wo ist Joe?

Workshop auf Seite 76 ff.

Hier! Er hat sich auf den Rücken gedreht und lässt sich einfach treiben – er weiß: „Gegen die Strömung anschwimmen wird mir nicht helfen!“

Eine ganze Weile nimmt ihn der Fluss mit, bis er endlich schlammigen Grund unter sich ertastet. Das Boot ist futsch und auch alles, was darin war. Aber wenigstens hat er jetzt wieder festen Boden unter den Füßen.

Kapitel 6

# Gestrandet

Seine Kleidung ist schon fast wieder trocken, als Joe sich die Umgebung etwas genauer ansieht. Am sandigen Ufer liegen einige Muschelschalen. Ihre Außenseite ist braun gestreift, innen schillern sie silbrig in vielen Farben. Es sieht fast so aus, als ob hier ein Tier gefrühstückt hat: die Schalen liegen auf einem Haufen vor einem kleinen Höhleneingang. „Da wohnt ein Bisam!", weiß Joe.

Schon oft hat er mit seinen Freunden am Ufer gesessen und die putzigen Bisame und auch die viel größeren Nutrias beobachtet, die überall am großen Fluss wohnen. Vor allem abends kommen sie aus den Höhlen und schwimmen dann kreuz und quer durchs Wasser.

Von dem kleinen Strand aus führt ein schmaler, mit Wurzeln und Ranken durchzogener Pfad in das dichte Gestrüpp. Man muss schon ein wenig kraxeln, um voranzukommen. „Lieber vorsichtig bewegen, als zu stolpern und sich das Knie aufzureißen!", denkt er sich. Er passt dabei besonders auf, dass er nicht an den langen und spitzen Stacheln der Schwarzdornsträucher hängen bleibt.

Der Pfad führt im Zick-Zack zu einem kleinen und niedrigen Wald. Hier gabelt sich der Weg. Joe entscheidet sich für den breiteren der beiden Pfade, der parallel zum dichten Uferbuschwerk verläuft. Eine halbe Stunde später steht er wieder an der Weggabelung. „Ich bin hier wohl auf einer Insel gelandet und deshalb im Kreis gelaufen“, denkt er. „Zu Fuß werde ich da nicht mehr runter kommen.“

Joe erreicht den kleinen Strand, an dem er aufgebrochen war. Im dichten Schilfgebüsch raschelt etwas. Ganz langsam nähert er sich. Plötzlich steigen direkt vor ihm zwei wütend schnatternde Enten auf. Das Schilf ist die Wohnung für große und kleine Tiere. Deshalb schaut Joe ganz genau nach, ob da nicht etwa ein Entennest ist. Er möchte nämlich einige der Schilfhalme ernten, dabei aber kein Tier stören oder gar ein Nest beschädigen. Doch er findet nichts.

Vom Rand des Schilfs, aber auch vom dichten Springkrautfeld daneben schneidet er sich einige große Büschel und legt sie in zwei immer dicker werdenden Bündeln auf den flachen Boden. Aus seiner Hosentasche nimmt er sich ein wenig Schnur und wickelt sie in einer Spirale um die Halme. Ein, zwei feste Knoten am Ende und fertig sind die nebeneinanderliegenden, walzenförmigen Päckchen.

Am Ufer findet er mehrere Stöcke, die angetrieben wurden und im Gestrüpp hängen geblieben sind. Er befestigt sie auf den Bündeln, nimmt einen langen Stock als Paddel in die Hand und schiebt alles auf das Wasser. Er setzt sich auf sein kleines Floß, das so weit absinkt, dass seine Hose gerade noch trocken bleibt. „Ganz schön wackelig!“, bemerkt Joe, als er die Insel verlässt, „aber ein super Boot, um trocken wieder ans Festland zu kommen!”

Workshop auf Seite 79 ff.

Kapitel 7

# Auf leisen Sohlen

Während Joe mit seinem kleinen Floß von der Insel zum Festland übersetzt, beobachtet er die Umgebung genau. Der Wald ist in den letzten Kilometern in ein dichtes Gebüsch aus Sträuchern und kleinen Bäumen übergegangen. An manchen Stellen überragt eine Tanne oder eine alte Linde das Dickicht.

„Nicht der ideale Ort, um zu Fuß weiterzukommen“, denkt sich Joe. Doch länger als nötig will er nicht mit dem wackeligen Floß auf dem Wasser bleiben. An einer flachen Stelle landet er deshalb an, zerlegt sein Boot und wickelt die Leine fein säuberlich auf. „Schnur kann ich immer wieder gut gebrauchen“, weiß er.

Wie eine grüne Wand versperrt ein dichtes Knäuel aus Schlingpflanzen ihm den Weg. Bis in die kleinen Bäume hinein windet sich eine Waldrebe mit hellbrauner Rinde, die in Fetzen herunterhängt. Dort wächst der Efeu mit seinen dunkelgrünen Blättern und schwarzen und giftigen Beeren. „Da komm ich bestimmt einfach durch!“, sagt sich Joe, als er näher kommt.

Doch als er sich das Gebüsch genauer betrachtet, sieht er die vielen Stacheln im dichten Gewirr. Tiefschwarz und weiter unten hellblau hängen da ein paar Früchte, die wie aus vielen kleinen glänzenden Perlen zusammengesetzt sind.

„Die schwarzen“, schmatzt er, als er sich einige davon in den Mund stopft, „sind Brombeeren. Die sind sehr lecker und süß.“ Plötzlich verzieht er das Gesicht. In den wilden Brombeeren sitzen manchmal klitzekleine Wanzen, die den süßen Saft saugen. Wenn man die versehentlich mitisst, schmeckt das sehr komisch.

Als die restlichen Brombeeren aufgenascht sind, wendet sich Joe den weiter unten hängenden hellblauen Beeren zu: „Die sehen zwar aus wie Brombeeren, sind aber essbare Kratzbeeren.“ Er nimmt ein paar davon und probiert. „Etwas fade, aber: Mhmmm ... schön sauer!“ Viel zu essen war das wirklich nicht, aber besser als nichts.

Er begutachtet das kleine Kratzbeerengebüsch genauer. „Die Stacheln sind viel kleiner als die von Brombeerranken“, denkt er sich. Er legt einen dicken Ast durch das Gebüsch und drückt es damit zu Boden. Dabei entsteht ein kleiner Durchgang.

Mit vorsichtigen Schritten schlüpft er in das Gebüsch, das sich wie ein Vorhang wieder hinter ihm schließt. Obwohl man es von außen nicht erkennt, gibt es dutzende Wege durch das Unterholz. Nur wer genau hinschaut, erkennt aber, dass es keine Trampelpfade von Menschen sind, sondern die Straßen der Wildtiere.

Kapitel 7

Wer außerdem weiß, wo welches Tier entlanggelaufen ist, kann den richtigen Weg durch das dichte Gestrüpp finden.

Allerdings ist es hier sehr dunkel. „Um voranzukommen, bleibt nur der Indianergang", sagt er sich. Joe geht leicht in die Hocke und während er mit einem Fuß fest am Boden stehen bleibt, tastet er mit dem anderen nach vorne. „Au! Da liegt ein Dorn auf dem Boden!", ruft er. Also stellt er den Fuß nicht ab, sondern hebt ihn leicht an, fegt mit der Fußsohle vorsichtig ein wenig den Boden frei und versucht, ihn wieder aufzustellen. „Schon viel besser!", sagt sich Joe. Jetzt ist kein Stachel mehr unter der Sohle.

So kommt er langsam voran, bis das Gebüsch etwas lichter wird. Dort, wo die dichte Krone einer alten Linde Schatten wirft, kreuzen sich mehrere kleine Wildtierpfade. Im Boden erkennt er viele Fußabdrücke von Tieren. Joe kniet sich hin und betrachtet sie.

„Die da kommen von den kleinen Tatzen von einem Fuchs. Und die Abdrücke dort hat der Dachs hinterlassen", begutachtet Joe den Boden. „Da war bestimmt eine Krähe auf dem Boden. Und was ist das da?"

Joe kniet vor zwei sich kreuzenden Reihen von Abdrücken. Beide sehen sehr ähnlich aus: Da sind zwei nebeneinander eingedrückte, ovale Spuren. „Das sind nur die beiden vorderen Zehen“, bemerkt er. „Auf den Zehenspitzen balancierend läuft bei uns nur das Reh – oder das Wildschwein.“ Joe schaudert ein wenig. Einer Wildschweinfamilie will er hier im Gebüsch nicht begegnen.

Wildschweine laufen zwar immer davon, wenn sie überrascht werden, aber bei dem Radau, den die dabei machen, kann man sich schon sehr erschrecken. Vor allem, wenn man ganz alleine im Wald unterwegs ist. Außerdem schlüpfen Wildschweine gerne durch dichte und stachelige Brombeerhecken. Auch deshalb möchte Joe dem Wildschweineweg lieber nicht folgen.

Rehe suchen sich dagegen meist einen freien Weg. Außerdem gehen sie zum Fressen oft ganz früh am Morgen an den Waldrand. Aber welches ist die Rehstraße und welcher ist der Schweineweg?

Joe schaut sich die Fußspuren genau an und erkennt, dass eine Spur nicht nur aus den beiden vorderen Fußzehenabdrücken besteht, sondern man dahinter auch zwei kleine Löcher sieht. „Schweine laufen auf vier Zehen. Das ist also der Schweineweg!“, sagt er sich und folgt dem anderen.

Workshop auf Seite 82 ff.

Kapitel 8

# Abendbrot

Der Wildpfad schlängelt sich in engen Bögen durch das Unterholz. Zweimal schon hat Joe die Spuren verloren und musste wieder zurücklaufen und weitersuchen. Als der Weg vor einem Haselstrauch eine scharfe Linkskurve macht, sieht er direkt über dem Boden etwas Sonderbares: Grell-orange und gefurchte Beeren wachsen da dicht gedrängt um einen Stängel. Die oberen Beeren sind grün, die unteren schon fast rot. „Solche Beeren habe ich noch nie gesehen", denkt Joe, als er die sonderbare Pflanze betrachtet.

Während er die faszinierenden Beeren bestaunt, saugt sich eine kleine Stechmücke mit langen Bein-chen an seinem Handrücken kugelrund. Erst als sie satt und schwerfällig davonfliegt, bemerkt er sie. „Au, das brennt! Jetzt bloß nicht daran kratzen!", jammert er.

So einladend die Beeren aussehen, Joe isst sie nicht. „Unbekannte Beeren", hat er gelernt, „darf ich auf keinen Fall essen! Egal wie hungrig ich bin." Das ist sehr klug von Joe, denn es handelt sich um den giftigen Aronstab.

Joe ist wirklich sehr hungrig. Sein Magen knurrt schon zum dritten Mal so laut, dass er denkt, da kommt ein Wildschwein den Pfad herunter. Er lässt die grellen Beeren stehen und folgt dem Rehweg nach links.

Plötzlich hört er ein Rascheln, einen lauten bellenden Schrei und drei, vier schnelle Trommelschläge. Stille.

Joe bleibt augenblicklich stehen und macht sich ganz klein. „Was ist das denn jetzt schon wieder?“, flüstert er, während ihm das Herz bis zum Halse schlägt. Er pfeift ein wenig, nur ganz leise, um sich nicht so alleine zu fühlen.

So wartet er einen Moment. Als nichts passiert, schleicht er langsam weiter. Die Augen ganz weit geöffnet, versucht er zu erkennen, was hier so einen Lärm gemacht hat. Plötzlich erschreckt er sich so sehr, dass er ganz tief Luft holen muss.

Keine zehn Meter entfernt steht, ihm direkt ins Gesicht schauend, ein Reh mit zwei ganz kleinen Geweihspitzen. Plötzlich hustet und bellt das Reh ihn an, wendet sich ab und galoppiert in großen Sprüngen den Pfad entlang. „Badamm, badamm, badamm“, zählt Joe die Sprünge mit: „Die Trommelschläge waren die Rehfüße auf dem Boden und das Bellen war auch das Reh.“

Als Joe das Reh mit dem Blick verfolgt, sieht er, dass sich das Gestrüpp an einer Stelle etwas lichtet. Kurze Zeit später steht er am Rand einer weiten Ebene, die sich wie eine Savanne bis zum Horizont erstreckt.

Hier wachsen kaum Bäume, nur der eine oder andere niedrige Heckenstreifen ist zu sehen und in weiter Ferne auf einer Anhöhe eine kleine Baumgruppe. Die Ähren der

Gräser und die kleinen Köpfchen der Spitzwegeriche sind prall gefüllt mit Samen. Zwischen Wald und Wiese gibt es unzählige goldgelbe Blüten. „Das ist ja eine richtige Speisekammer: Löwenzahn und Getreide!“, ruft Joe glücklich.

Schon kurze Zeit später steht er mitten auf der Wiese und sammelt die Samen und Blüten. Zwischendurch hält er inne und zerreibt ein Wegerichblatt auf dem juckenden Mückenstich. „Schon viel besser!“

Mit zwei flachen Steinen zerreibt er die gesammelten Samen zu Flocken und Mehl und vermischt alles mit etwas Wasser und den gelben Blüten. Während der kleine Teigfladen im Schatten liegt, baut Joe sich unter einem dichten Holunderbusch eine Matratze aus Heu und trockenen Strohhalmen und entzündet in sicherer Entfernung ein kleines Feuer.

Nachdem das Feuer heruntergebrannt ist, legt er den Teig hinein und bedeckt ihn mit heißer Asche. Schon kurze Zeit später, es dämmert bereits, duftet es köstlich nach frisch gebackenem Brot. Joe hat es sich auf seiner Matratze bequem gemacht und knuspert sein Brot, das durch die Löwenzahnblüten fein nach Honig duftet.

Als sich eine Stunde später der große rote Mond zu den tausenden funkelnden Sternen gesellt, schläft Joe tief und fest. Ganz ruhig liegt er in seinem warmen Bett aus Heu und Stroh und träumt von Rehen und Wildschweinen.

Workshop auf Seite 86 f.

Kapitel 9

# Eine kleine Oase

Als Joe früh am nächsten Morgen aufsteht, ist er noch ganz verschlafen. Am Horizont ist ein klitzekleiner hell strahlender Fleck zu sehen, der durch die weit entfernten Bäume blitzt. Es ist die Sonne, die langsam und schwerfällig in den Himmel klettert. Aber schon bald reichen ein paar Sonnenstrahlen bis unter den Holunderbusch, wo Joe noch ein Stückchen Brot von gestern in seine Tasche packt.

Durch Wiesen und an kleinen Hecken entlang wandert er in Richtung der Bäume am Horizont. Schnell geht so der Vormittag vorbei und die Sonne brennt vom blauen Himmel. Joe schmiert sich ein wenig angefeuchteten Lehm auf Gesicht, Nacken und die Unterarme. „Ich will ja keinen Sonnenbrand bekommen“, denkt er, als er seine grau glänzenden Handrücken begutachtet. „Da kommt jetzt echt kein Licht mehr durch.“

Bevor die Sonne den höchsten Punkt am Himmel erreicht, sucht er sich ein schattiges Plätzchen unter ein paar Weidenbüschen. „Endlich Mittagspause!“, stöhnt er, als er sich erschöpft auf den Hosenboden plumpsen lässt. Ganz verschwitzt und mit rotem Gesicht sitzt er da im Schatten und beobachtet die großen blauen Libellen, die sich immer wieder auf den Büschen niederlassen und unvermittelt losfliegen. Eine freche Libelle fliegt ganz nah vor ihn, so dass er das schnarrende Flattern ihrer Flügel hören kann. Und dann landet sie auch noch auf seinem Knie. „Dir ist wohl auch heiß und du willst auch etwas Schatten?“, fragt er sie ganz ruhig. Er hat nämlich keine Angst vor ihr. „Die kann mir gar nichts tun“, weiß Joe. Einen Moment später ist die Libelle auch schon wieder weg und fliegt über den Weidenbusch, um dahinter zu landen.

Nun ist es absolut still. Nur manchmal, wenn ein leichter Wind weht, raschelt das Gras ein wenig. Plötzlich reckt Joe den Hals: „Was war denn das für ein Gurren? Das hat sich wie ein Frosch angehört!“ Und tatsächlich quakt da ein Frosch. Nur ganz kurz und ganz leise, fast schüchtern. „Wo Frösche sind, ist auch Wasser“, weiß Joe. Er muss nur wenige Meter durch die Weiden klettern und steht schon vor einem kleinen Teich, dessen Wasseroberfläche voll von den winzigen grünen Schwimmblättern der Entengrütze ist. Nur am Rand ist überhaupt das Wasser zu sehen. Ein bisschen sieht es aus wie dünner Tee.

Als Joe seine staubigen Füße ins Wasser taucht, um sich abzukühlen, bewegt sich plötzlich etwas im Wasser. Einige kleine rot, grün und blau gefärbte Fische flitzen unter die Wasserlinsen. „Das wäre ein tolles Mittagessen“, freut sich Joe. Nachdem er sich ein wenig erfrischt hat, kramt

er die Leine aus seiner Tasche und bindet eine kleine umgebogene Nadel daran. „Wenn es so heiß ist, haben Fische nur wenig Hunger“, sagt sich Joe. Deshalb befestigt er nur eine ganz kleine grüne Raupe an dem selbst gebastelten Haken. Mit einer Weidenrute, an die er die Leine festgeknotet hat, versucht er, den Haken direkt vor einem Fisch auf die Wasseroberfläche abzusetzen. Der Haken sinkt nur langsam ab. Als er fast am Grund ist, ist der Fisch schon wieder woanders.

So wartet Joe geduldig einige Zeit, bis endlich einer der Fische sich die Raupe schnappt. Er saugt die Raupe ein und Joe hebt die Rutenspitze an, um die Leine anzuspannen. Doch der Fisch ist schneller: Schwups – schon ist die Raupe mitsamt Haken wieder ausgespuckt. Der kleine Fisch fächelt mit seinen Brustflossen auf der Stelle und guckt die Raupe genau an. Joe zupft ganz leicht mit seiner Rute an der Leine. Der Haken hebt und senkt sich direkt vor dem Fisch und gleich hat er den Köder wieder eingesaugt.

Aber diesmal ist Joe schneller. Rasch holt er die Leine aus dem Wasser und versorgt sein Mittagessen. „Jetzt muss ich vorsichtig sein!“, murmelt er hochkonzentriert. „Viele Fische haben nämlich Stacheln, an denen ich mich pieksen kann.“

Joe ist froh, dass er das Angeln so oft mit seinen älteren Geschwistern und Freunden geübt hat. So ganz alleine ist es trotzdem gar nicht so einfach, aber kurze Zeit später liegt sein Mittagessen am Ufer.

Joe mag es nicht, wenn Tiere eben noch gelebt haben und dann ganz ruhig daliegen. Als er mal zugeschaut hatte, wie eins der Dorfschweine geschlachtet wurde, ist ihm ganz schwummerig geworden und er wollte zuerst auch nichts von der Schlachtsuppe essen. Als der Topf dann aber über dem großen Feuer hing und es in allen Ecken und Winkeln so gut geduftet hat, stand Joe auch in der Schlange der Wartenden. „Es ist in Ordnung, wenn ich ein Tier töte, wenn ich es essen will. Wenn ich es aber nicht essen kann, dann verletze und störe ich es auch nicht“, weiß er die wichtigste Regel des Tierfangs zu erklären.

Die Haut des Fischs ist ganz rau, wenn man sie vom Schwanz zum Kopf streichelt – und ganz glatt, wenn man das in die andere Richtung macht. Vorsichtig, damit er sich nicht verletzt, kratzt Joe mit dem Messer die rauen Schuppen von der Haut und putzt und wäscht den Fisch sorgfältig.

Es ist schon Nachmittag und die Sonne brennt nicht mehr so heiß, als das Fischchen auf einem Stock gespießt über der Glut grillt. Vorsichtig, damit er keine Gräte verschluckt, knabbert Joe das saftige weiße Fleisch herunter, löscht nach dem Essen das Feuer und macht sich gestärkt auf den Weg.

Workshop auf Seite 88 ff.

Kapitel 10

# Außer Reichweite

Joe hält auf die kleine Baumgruppe zu, die er schon gestern Abend gesehen hat und die nach dem ganzen langen Marsch kaum näher gekommen zu sein scheint. „Wenn der Blick bis zum Horizont frei ist, scheinen viele Dinge viel näher, als sie wirklich sind“, stöhnt er.

Die nun glutrote Sonne wärmt ihm die Schultern und er kann beobachten, wie sein Schatten, der ihm vorausläuft, immer länger wird. Endlich ist er an der Anhöhe angekommen, die eher ein kleiner Berg ist als ein Hügel. Aber schon von unten erkennt er die Laubwedel und die dunkelbraunen Kügelchen an den langen Stämmen, die dort oben, weit weg von ihm, wachsen. „Da sind ja Walnüsse“, ruft er ganz begeistert.

Aus seinem Dorf zieht im Herbst immer eine Gruppe der alten Frauen los zu den Walnussbäumen und sammelt viele Stoffbeutel voll Nüsse. Die Nüsse werden dann getrocknet und den ganzen Winter über gegessen. Joe denkt an den leckeren Nusskuchen, den ihm seine Oma immer bäckt. Jetzt ist er aber hungrig geworden!

Langsam steigt er den kleinen Berg hinauf. Er muss sich immer wieder hinsetzen und ausruhen. Bald kommt er an einer steilen Wand an. „Hier kletter ich aber nicht hoch“, sagt er sich, „das ist ja viel zu gefährlich!“

Joe läuft also eine Weile am Hang entlang, bis er eine flachere Stelle findet. Zwischen ein paar Felsen steigt er in Richtung Gipfel.

Plötzlich sieht er aus dem Augenwinkel, wie ein Schatten an ihm vorbeisaust. Kracks! Joe erschrickt. Irgendwas ist da vom Himmel auf einen großen Stein direkt vor ihm gefallen. In einer immer enger werdenden Spirale landet dort eine Krähe und fängt an, etwas zu knabbern.

Kracks! Schon wieder. Diesmal sieht Joe genau, wo das kleine Geschoss gelandet ist, und begutachtet es. „Das ist ja eine Walnuss!“, ruft er aus. Über ihm ist aber gar kein Baum. Kracks! Diesmal schaut er schnell in den Himmel. Hier kreisen drei weitere Krähen, von denen eine etwas im Schnabel hält. Sie öffnet ihn und schon wieder fällt etwas zu Boden, diesmal zwischen die Felsen. Plumps! Die schlauen schwarzen Vögel öffnen die Nüsse, indem sie sie fallen lassen! „Glücklicherweise bin ich nicht überden steilen Hang geklettert. Wenn ich mich dort so erschreckt hätte, wäre ich vielleicht abgerutscht!“

Als Joe endlich oben auf dem Hügel angekommen ist, steht er direkt unter den Nussbäumen. Aber die Walnüsse hängen ganz weit oben an den Ästen. „Da komm ich doch nie und nimmer hoch“, seufzt er. Aber dann hat er eine Idee. Er sucht sich am Boden einen kurzen, krumm gewachsenen Ast und findet dabei auch ein paar verstreut herum-

liegende Nüsse, die er gleich einsammelt.
Er begutachtet den Ast und schnitzt ihn dann sorgfältig auf zwei Seiten immer schmaler, bis es nur noch ein dünnes, gebogenes Plättchen ist. An einem Stein reibt er die Kanten, bis sie ganz rund geworden sind. „Das ist ein tolles Wurfholz geworden", sagt er stolz.

Joe will es gleich ausprobieren. Er kneift ein Auge zu und guckt mit dem anderen angestrengt auf einen kleinen Felsen in der Nähe. Er holt aus und mit einem leisen Surren fliegt das Wurfholz genau darauf zu, trifft den Felsen flach und gleitet ab. Direkt daneben springt plötzlich ein Kaninchen aus einem niedrigen Wacholderbusch. Zuerst guckt es Joe verdattert an und stellt seine Löffel auf, während es verhalten an einem Grashalm mümmelt. Doch schon im nächsten Augenblick hat es auf der Stelle gewendet und ist in einem kleinen Erdloch verschwunden. „Aber du musst doch keine Angst haben, ich will ja nur Walnüsse jagen!", lacht Joe.

Er nimmt wieder das Wurfholz auf, tritt einige Schritte zurück, zielt nach oben und wirft. Er trifft einen dürren Ast vom Walnussbaum. Schon prasseln um ihn herum die Nüsse auf den Boden. Schnell füllt Joe seine Tasche randvoll. „Das ist ein toller Proviant! Jetzt muss ich aber schnell weiter, damit ich den Hang nicht in der Dunkelheit hinabsteigen muss!"

Workshop auf Seite 92 ff.

Kapitel 11

# Rauchzeichen

Längst schon ist ein Teil der Sonne hinter dem Horizont verschwunden, als Joe unten am Fuß des kleinen Berges ankommt. Hier geht der Berg in einen flach auslaufenden Hang über. Der Abstieg ist zwar schwieriger als der Aufstieg, doch ist es hier nicht ganz so steil wie auf der anderen Seite.

Die tief stehende Sonne schickt ihre glutroten Strahlen über das Land und die Felsen. Die Bäume sehen aus, als stünden sie in Flammen, so rot und gelb leuchten sie zurück. Und tatsächlich scheint es irgendwo zu brennen. Ein ganz zarter Feuerduft ist im warmen Wind zu erahnen, der ihm ins Gesicht weht. Plötzlich schaudert Joe: „Ist dort etwa ein Waldbrand?"

Er schnuppert ganz genau hin, denn er kennt den Geruch von Feuer gut. „Ach nein, die gefährlichen Waldbrände und Buschfeuer riechen ganz anders: feucht und kalt, so ähnlich wie wenn ich ein Büschel Stroh anzünde", beruhigt er sich wieder.

„Und dann gibt es den Duft von Kochfeuer, das riecht leicht rußig", erinnert er sich. Er bleibt kurz stehen und kramt aus seiner mit Nüssen prall gefüllten Umhängetasche seine kleine Blechtasse hervor und schnuppert daran: „Genau so riecht das Kochfeuer daheim in der großen Hütte!"

Joe saugt noch einmal ganz viel Luft durch seine Nase: „Dies hier ist der Duft eines Lagerfeuers!“, freut er sich. „Eins, das nach dicken Buchenscheiten und angebranntem Speck riecht.“ Aufgeregt läuft er dem Duft entgegen auf einen entfernten Waldrand zu. „Vielleicht ist da ein anderer Junge oder ein Mädchen auf seiner eigenen großen Abenteuerreise!“

Im letzten Abendlicht sieht Joe, wie sich tatsächlich eine dünne Säule Qualm irgendwo mitten aus dem dichten Baumbestand kräuselt. Das wäre ja toll: zu zweit hat man im Wald weniger Sorge und wenn mal was passiert, ist jemand da, der helfen kann.

Am liebsten würde er gleich losrennen. Aber er weiß, dass er das nicht soll: „Wenn ich in der Dunkelheit schnell laufe, kann ich in Dornen treten oder stolpern“, sagt er sich. „Außerdem bin ich dann schnell außer Atem und erreiche das Feuer heute nicht mehr.“

Die Sonne ist mittlerweile ganz untergegangen und der Himmel dunkelblau geworden. „Ich schaff das nie!“, denkt er. Der Gurt seiner Tasche schneidet sich tief in Joes Schulter. Immer wieder muss er sich hinsetzen und Pause machen. „Hätte ich doch nur ein Bett gebaut, statt noch loszulaufen“, jammert er.

# Kapitel 11

Es wird immer dunkler und der Weg ist kaum noch zu sehen. Joe fröstelt ein wenig, als er sich mal wieder auf den Boden setzt, damit seine schmerzenden Beine sich erholen können. Er kauert sich zusammen, lehnt sich mit dem Rücken an eine Tanne, zieht seine Knie an die Brust und legt seine Arme darum. Ganz leise fängt er an zu schluchzen: „Das wird eine kalte, dunkle Nacht!" Dabei muss das Lagerfeuer doch ganz in der Nähe sein. „Aber bei Dunkelheit finde ich nie einen Weg."

So sitzt Joe eine Weile unter den überhängenden Ästen der Tanne und weint in seine Armbeuge. So gerne wäre er jetzt daheim. Nach kurzer Zeit kippt sein Kopf nach vorne. Er ist eingedöst.

Der Himmel ist jetzt nicht mehr dunkelblau, sondern tiefschwarz. Die Sterne funkeln. Es ist sehr kühl geworden. Zitternd kauert Joe immer noch unter dem Baum. Er ist wieder hellwach. An Schlaf ist nicht zu denken, dazu ist es zu kalt. Er steht auf und läuft mit wippenden Schritten ein Weilchen im Kreis herum. „Damit wird mir wenigstens etwas warm", bibbert er.

Mit einem leisen „Brrrrr" fliegt etwas direkt an seinem Kopf vorbei. Eine Fledermaus schlägt ihre Haken und Kreise und fängt Falter und Motten. Immer wieder blitzt ihr kleiner schwarzer Körper hell auf.

„Aber … was ist denn das?“, fragt sich Joe ungläubig. Er tritt unter den dichten Zweigen hervor und sieht, wie der große weiße Vollmond über die Tannen gestiegen ist und den ganzen Wald, der vor ihm liegt, in fahles Licht taucht. „Hier draußen ist es ja richtig hell! So komme ich sicher durch den Wald“, jubelt Joe.

Nachdem er direkt in die Lichtscheibe geguckt hat, braucht er einige Momente, bis sich seine Augen wieder an das schummrige Licht gewöhnt haben. Dann packt er sein Täschlein und zieht los. Joe findet einen kleinen Wildpfad, der schnurgerade den sanft absteigenden Hang hinunterführt. Manchmal muss er sich ganz klein machen, um sich die Stirn nicht an den tief hängenden Ästen anzuschlagen. Doch der Pfad wird immer breiter. „Das ist doch ein Weg“, denkt sich Joe. Jetzt riecht er das Feuer auch schon deutlicher als zuvor.

Als der Weg an eine Kreuzung kommt, ist sich Joe ganz sicher: Hier muss ein Dorf sein, so viele Spuren von Kindern und Erwachsenen sind im Schlamm abgedrückt. Vielleicht darf er hier am Feuer schlafen. Er kann dafür ja ein paar seiner Walnüsse eintauschen.

Von Weitem kann Joe jetzt den Feuerschein durch die Bäume sehen. Er ist ganz aufgeregt und es wird ihm kalt und heiß. Da sitzen Menschen ums Lagerfeuer! Er kommt näher. Ganz schüchtern und fragend ruft er: „Hallo …?“

# Kapitel 11

Erschreckt drehen sich ein paar der kleinen Gestalten am Feuer um. Die größeren wenden sich ihm ganz ruhig zu. „Joe! Endlich bist Du wieder da!“, quiekt es aus dem Feuerkreis. Joes kleine Schwester springt ihm entgegen, umarmt ihn und drückt ihn ganz doll.

„Da sind ja auch alle anderen!“, stellt Joe verblüfft fest. Und tatsächlich: Er ist wieder in seinem Dorf angekommen.

Was für eine Freude! Das Feuer wird neu geschürt, viel Holz aufgelegt und ein Topf mit Suppe warm gemacht.

Joe darf sich heute das allererste Mal vorne ans Feuer setzen. Alle rücken nah zusammen. Die Älteren nicken sich gegenseitig zufrieden zu. Mit glühenden Ohren beginnt Joe zu erzählen.

Es wird bestimmt Morgen werden, bis alle in ihre Betten kommen. Denn Joe hat viel zu berichten.

**ENDE**

Workshop auf Seite 95

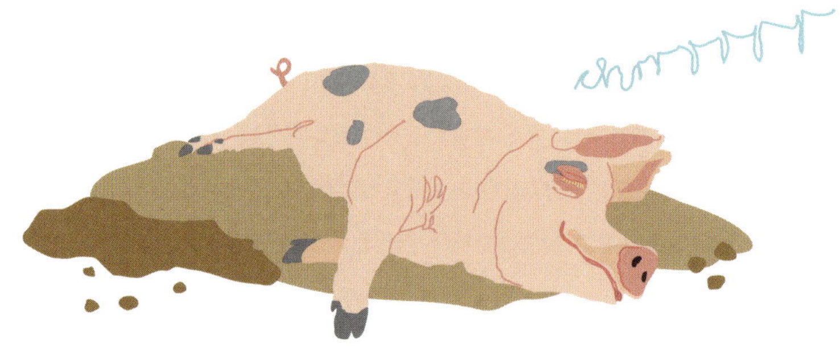

# Joes Reise nacherleben

An dieser Stelle verlassen wir Joe und sein Dorf. Heute stehen auf dem Dorfplatz Bäume und Sträucher. Die Hütten sind schon lange im Morast versunken und die Feuerstelle ist seit vielen Jahren kalt. Die Geschichten aber, sie leben weiter.

Weiterleben, so finden wir, sollen auch das Wissen und die Techniken, die wir Menschen seit Jahrtausenden erlernt und an nachfolgende Generationen weitergegeben haben. Tief in uns schlummert das Bedürfnis, diese Abenteuer zu erleben und damit den direkten Bezug zu Natur und Umwelt zu fühlen. Die Tradition der Weitergabe des alten Wissens ist mittlerweile unterbrochen und es ist ein mühsamer Weg, das heute vergessene Wissen wieder zu aktivieren.

Widmen wir uns hier zunächst den besten Orten für die nachfolgenden Workshops sowie einigen Vorschlägen zur Grundausstattung bzw. dem Werkzeug, das Sie bei jedem Abenteuer da draußen für sich und Ihren Schützling dabeihaben sollten.

# Orte zum Abenteuern

### 1 Das Dorf

Bei ganz- und mehrtägigen Unternehmungen ist es immer sinnvoll, sich ein stationäres Lager als Sicherheits- und Rückzugsort verfügbar zu halten. Dies kann ein Zelt sein, in dem Wechselkleidung trocken aufbewahrt werden kann oder in abgelegenen Gegenden auch ein Fahrzeug. So können Sie auch bei einem Gewitter oder plötzlich auftauchenden Mückenschwärmen reagieren.

### 2 Die Wiese

Wildwiesen finden Sie auf jeder Brachfläche, an Waldrändern, Lichtungen oder daheim im Garten. Oft sind Grillplätze an Wiesen angelegt – die ideale Kombination für viele Workshops.

### 3 Der Fluss

Teiche, Seen und ruhige Flussabschnitte sind oft zum Baden freigegeben. Bevor Sie dort ein Floß wassern, sollten Sie nachfragen. Schwimmübungen können natürlich auch im Frei- oder Hallenbad gemacht werden.

### 4 Der Spurenwald

Dickungen und dichte Hecken mit vielen Wildspuren findet man schon am Stadtrand. Wenn Wiesen lange Zeit nicht gemäht worden sind, werden sie zu dichten kleinen Wäldern. Man findet sie in alten Weideregionen, an Weinbergen und in lichten Waldrändern in ehemaligen Rückegassen.

### 5 Savanne

In Neubaugebieten gibt es oft große, spärlich bewachsene Ruderalflächen, die beliebter Abenteuerspielplatz für die Kinder der Umgebung sind.

### 6 Der Angelteich

In ganz Mitteleuropa gibt es Fischzuchten, die Forellen, Saiblinge und andere Fische verkaufen. Oft bieten diese auch das Herausangeln an. Eine Fischereierlaubnis wird dort nicht benötigt und nur der entnommene Fang wird bezahlt. Außerdem können Sie beim örtlichen Angelverein nachfragen. Häufig werden nur Tageskarten und bei Kindern (ohne Angelschein) eine Begleitperson mit Angelschein vorausgesetzt – vielleicht hilft ein erfahrener Angler beim Bau einer »Stippgerte«.

Schilfgürtel
Bucht
Insel
Heuschrecken-Wiese
Spurenwald
Savanne
Oase und Angelteich
Nussbaumberg
Dorf
Großer Fluss
Dunkler Wald
1
2
3
4
5
6

# Outdoor-Grundausstattung

Für jedes Mikroabenteuer sollte ein Grundstock an allgemeiner Ausrüstung mitgenommen werden, die fast immer zum Einsatz kommt. Hierzu gehören Arbeitsmaterialien wie Schnur und Messer, aber auch Notmaterial wie Verbandszeug und Regenschirm.

Idealerweise wird alles systematisch aufgeteilt: in einen großen Arbeitsrucksack für den Begleiter, ein »Arbeitspäckchen«, das nur bei Workshops ausgegeben wird, und eine Tasche, die das Kind selbst verwalten und auch nach dem Abenteuertag selbstständig benutzen kann.

Was diese genau enthält, sollten Sie natürlich von Alter und Selbstständigkeit des Kindes abhängig machen.

*Das »Survivalkit« enthält Gegenstände und Werkzeuge, die nur unter Ihrer Aufsicht verwendet werden dürfen.*

## Minimal-Packliste

### Arbeitsrucksack Erwachsener

*(30–40-Liter-Daypack)*

- Genügend Trinkwasser und eine kleine Brotzeit
- Mückenmittel, Sonnencreme etc.
- Verbandstasche mit Verbänden, Pflaster, Pinzette und Desinfektionsmittel
- Löschdecke oder eine Dose Feuerlöschspray
- Gartenschere
- Klappsäge
- Bändchengewebeplane
- Wickelverschlusstasche als (wiederverwertbarer) Müllbeutel
- Bestimmungsliteratur u.ä.
- Kleines Handtuch
- Regenschirm
- Workshopspezifische Ausrüstung

### Survivalkit

*(Kleines Täschchen zur Ausgabe am Survivaltag)*

- Feststellbares Messer
- Angelhaken oder Nadeln
- Angelleine
- Feuerzeug

### Mini-Rucksack / Umhängetasche Kind

*(zum Beipiel BW-Brotbeutel)*

- Kleine Wasserflasche mit frischem Wasser
- Schoko- oder Müsliriegel
- Pflasterheftchen
- Schraubdeckelglas
- Blechtasse
- Arbeitshandschuhe in Kindergröße
- ca. 50 Meter Bindfaden aus Hanf (Gartenbedarf)
- Notizbuch (»Logbuch«) und Stift zum Festhalten des Entdeckten und zum Notieren von Fragen
- Einige Ziploc-Gefrierbeutel
- Lupe

Workshop zu Kapitel 1: Die Prüfung

# Auf ins große Abenteuer

Der Aufbruch zu einem Arbeitstag in der Natur – oder später auch zu einem Workshopwochenende – sollte in Ruhe vorbereitet werden. Jeder Workshop sollte gemeinsam besprochen und geplant werden, ohne aber einen bestimmten Erfolg vorauszusetzen. Das Kind sollte möglichst eng in die Planung miteinbezogen werden – dennoch können Sie natürlich im Hintergrund die eine oder andere kleine Überraschung vorbereiten (z.B. Grillwürstchen, Ausrüstungsgegenstand, Button als »Abzeichen« etc.).

Sehr gut kommt es bei Kindern an, wenn das große Abenteuer mit einem Ritual beginnt. Das kann ein »Stärkungskakao« vor dem Aufbruch sein oder aber die feierliche Übergabe des »Survivalkits« mit Messer. Ein befreundeter Vater gibt beispielsweise eine kleine Mülltüte aus, die beim Workshoptag mit gefundenem Abfall gefüllt werden soll und die dann am Abend zusammen mit dem »Survivalkit« gegen eine Belohnung eingetauscht werden kann. So vermeidet man, dass das Kind es als Vertrauensentzug wahrnimmt, wenn es gefährliche Werkzeuge wieder abgeben muss.

Über kurz oder lang sollte eine eigene »Abenteuerkleidung« zusammengestellt werden, also abgetragene Kleidung, die schmutzig werden darf. Mit dem Anziehen dieser »Räuberkleider« schlüpft das Kind im wahrsten Sinne des Wortes in eine zweite Haut, die den Start ins Abenteuer markiert. Mit diesen Ritualen werden das »Einsteigen« in die Natur sowie die Rückkehr, nach der der »Ritualzyklus« beendet wird, vereinfacht und das Kind kann sein Verhalten situativ besser anpassen (das *minimiert* beispielsweise das Risiko, dass das Kind auf dem Schulweg mit der guten Garderobe auf den Knien rutschend einer Wildschweinespur folgt, da es sich nicht mehr im »Survivalmodus« befindet).

Mit der Zeit werden die Rituale weniger intensiv wahrgenommen, sie bereiten dennoch gut auf die folgenden Abenteuer vor und schließen sie auch ab.

# Heuschrecken fangen und essen

Was wäre Survival ohne das Verspeisen von Insekten? Die öffentliche Wahrnehmung des Lebens in der Natur ist stark vom Fang und der Zubereitung von Kleintieren geprägt. Ob aktuelle Survival-Stars im TV oder bei Dokumentationen über entfernt lebende Eingeborenenstämme – überall kommen essbare Insekten vor. Sie eignen sich besonders gut für einen Workshop, um Kinder an die direkt fühlbare Verbindung zwischen Mensch und Natur heranzuführen. Während die meisten Wildpflanzen für Kinder bitter schmecken, sind viele Insekten sehr lecker – vor allem wenn sie geröstet sind.

Auf jeder Wiese lassen sich Heuschrecken fangen (Sammelzeit: etwa April bis Oktober). Es bestehen keine relevanten Gefahren beim Verzehr der Tiere, auch nicht im rohen Zustand. **Alle anderen Krabbler (ob Mehlwurm aus dem Zoogeschäft oder Maikäfer) sollten aber vor dem Verzehr erhitzt werden.** Der Workshop funktioniert mit selbst gefangenen Heuschrecken ebenso wie mit gekauften Insekten, die mittlerweile sogar als Lebensmittel angeboten werden. Beim Selbstfang kommen aber noch die Lernziele Geschwindigkeit, Geschicklichkeit und Feinmotorik hinzu.

Auch wenn Schrecken in großer Zahl vorzufinden sind, ist es oft gar nicht einfach, sie zu fangen. Sie ernähren sich von Grünpflanzen und anderen Insekten und können mit ihren großen Beinen sehr weit springen – durch Flügelschlag außerdem bis zu mehreren hundert Metern fliegen.

Dies macht sie auch zum idealen Anschauungsobjekt, da sie stellvertretend für praktisch alle Insekten stehen, die sich fliegend, laufend oder springend fortbewegen. Deutlich erkennbar ist die Gliederung: Sie teilen sich auf in Kopf, Mittelteil und Hinterteil. Am Kopf sind Antennen sichtbar, mit denen die Tiere tasten und oft auch schmecken können. Die Augen sind große Facettenaugen – wer genau hinschaut (Lupe), erkennt noch 3 weitere winzige Augen auf der Stirn. Die Mundwerkzeuge sind auffällig – ebenso wie die vier kleinen Taster darum. Heuschrecken haben zudem insektentypisch drei Beinpaare und zwei Flügelpaare. Außerdem entwickeln sie sich in verschiedenen Stadien: junge Stadien haben nur kleine Flügelstummel und können noch nicht fliegen.

Wenn dieser Workshop als »Einstieg« dienen soll, lohnt es sich, den Fang und die Zubereitung voneinander abzutrennen. Heuschrecken können zum Üben gefangen und danach unverletzt wieder freigelassen werden. Oder aber sie werden in einem Glas gesammelt, durch eine Stunde im Gefrierfach oder durch Abdrehen des Kopfs getötet und entweder zu Hause in etwas Butter goldbraun frittiert oder auf winzigen Spießchen über der Glut geröstet. Die Variationen sind zahlreich.

Das Selbertöten ist darum sehr aufschlussreich, weil die Tiere dann auch mal roh probiert werden können und weil sie auch ohne Kopf weiterlaufen, was für Kinder sehr faszinierend ist. Insekten besitzen viele kleine Gehirne, die für die Bewegung zuständig sind. Auch wenn die Tiere nicht mehr leben, bewegen sie sich durch die Reflexe des Nervensystems noch einige Zeit weiter. Diese Beobachtung machen Kinder oft, wenn Insektenreste von Vögeln fallen gelassen werden.

## Lernziele

Biologieverständnis (Die allermeisten Insekten haben Flügel und können fliegen. Sie besiedeln zahlreich die Wiesen und bewegen sich sehr schnell.), Zielgenauigkeit und Geschwindigkeit

## Material

Ggf. Schraubglas mit Löchern im Deckel oder lockerer Stoffbeutel + Lupe

## Anleitung

1. Das Kind soll sich beim Laufen über die Wiese eine bestimmte Heuschrecke aussuchen und beobachten, wie diese sich bewegt. Idealerweise sollte es eine kleinere sein, da die großen zwicken können.

2. Mit einer Wischbewegung der Hand auf die Schrecke wird sie vom Halm »gepflückt« und in der hohlen Hand gefangen. Das kann einige Dutzend Fehlversuche geben, aber es sollte immer die gleiche Heuschrecke verfolgt werden.

3. Die Schrecke wird so umgriffen, dass die großen Hinterbeine zwischen den Fingern gehalten werden. So lassen sich alle Teile der Heuschrecke erkennen und betrachten.

4. Um die Flügel auszubreiten, muss umgegriffen werden. Hierzu wird die Heuschrecke in die andere Hand übergeben, wobei die großen Sprungbeine mitsamt des Hinterleibs mit Daumen und Zeigefinger gehalten werden. Bläst man der Heuschrecke nun von vorne in das Gesicht, beginnt sie oft zu flattern. Nun kann das Tier zum Beobachten der Bewegung mit etwas Gras in das Schraubdeckelglas verbracht und danach wieder unverletzt freigelassen werden.

5. Soll die Heuschrecke gegessen werden, wird der Kopf kräftig umfasst und durch eine Drehung aus dem Tier gezogen. Dabei kommt der Magen mit aus dem Tier – hier lassen sich klein geknabberte Blätter als grüner Brei erkennen. Alle vier Flügel und sechs Beinchen werden entfernt.

6. Die gesammelten Heuschrecken können entweder zu Hause in etwas Butter oder Öl frittiert oder draußen auf einem Holzspießchen bzw. stabilen Grashalm über der Glut geröstet werden, bis sie rötlich werden.

Workshop zu Kapitel 3: Der große Regen

# Bau einer »Debris Hut«

Hütten zu bauen scheint Kindern im Blut zu liegen. Wer sich an seine Kindheit und Jugend zurückerinnert, denkt bestimmt an einige Episoden von Baumhäusern, Clubhütten in der Tannenschonung oder »Räuberhöhlen« aus Kuschelkissen, Decken und dem Wohnzimmerinventar.

Das Hüttenbauen ist nicht nur eine spannende Beschäftigung, mit der sich Wochenenden bis Sommerferien zubringen lassen, sondern auch außerordentlich anspruchsvoll. Die Debris-Hütte (aus dem Englischen »Debris Hut«: »Unrat-Hütte«) ist ein großer Haufen von natürlichem Unrat wie herumliegenden abgebrochenen Zweigen, Laub, Moos, Büscheln von Brennnesseln und dergleichen, die den Unterstand wasserdicht und warm halten.

Vor allem bei einer geplanten Übernachtung sollte der Betreuer den Aufbau einer Hütte vorher bereits mehrfach geübt haben, damit Material- und Zeitaufwand eingeschätzt werden können und die Hütte bis zum Abend fertiggestellt werden kann. Um auch bei Regen oder wenig Baumaterial ein Erfolgserlebnis und eine gemütliche Unterkunft zu garantieren (denn darum geht es bei der kindgerechten Übung: den Bau einer kuscheligen Höhle), wird bei diesem Workshop zwischen Hüttengestell und das natürliche Deckmaterial noch eine Folie gelegt. Dies verhindert, dass einem vom Hüttendach Kleinteile und Insekten ins Gesicht fallen und Regen durchdringt. Ebenso sollten eine Isomatte und ein ausreichend warmer Schlafsack eingeplant werden.

Ziel sollte zu Beginn nicht die Übernachtung des Kindes in der Hütte sein (dazu sind Kinder oft zu aufgeregt), sondern die Gewöhnung daran, sich in direktem Kontakt mit natürlichen Materialien wohl und geborgen zu fühlen. Ideal ist für den Workshop, wenn Sie beim ersten Versuch zuerst ein Zelt für sich und das Kind unmittelbar neben dem Bauplatz aufbauen. Die Hütte wird zur Übernachtung vorbereitet und mit Isomatte und Schlafsack bewohnbar gemacht. Abends kann das Kind in die Hütte krabbeln und sich – bewacht und begleitet von der erwachsenen Person – hineinlegen und erst einmal nur ausruhen. Hier kann vermittelt werden, dass »ausprobiert werden soll«, ob die Hütte warm/dicht/fest genug gebaut ist. Geplant sei aber generell die Übernachtung im Zelt. Erfahrungsgemäß möchte das Kind dann aber auch in der Hütte schlafen. Dabei sollte man ihm genügend Freiraum geben, sich tatsächlich ungestört in das Laubbett zu legen – die Debris Hut kann nur von einer Person bewohnt werden – und dabei zu wissen, dass dennoch jemand in der Nähe ist. Ruft das Kind dann nachts, weil es im Unterholz geknackt hat, oder »klopft« es an die Zelttüre, weil es sich zu alleine gefühlt hat, dann steht nicht der Misserfolg im Raum, sondern der Erfolg, es ausprobiert zu haben, obwohl es gar nicht geplant war.

Der Workshop sollte mehrfach wiederholt, mit anderen Tätigkeiten kombiniert und entsprechend der wachsenden Erfahrung angepasst werden. Hütten sollten spätestens am nächsten Morgen wieder abgebaut werden, damit keine Verletzungsgefahr besteht, wenn irgendwann die Balken morsch sind und (andere) Kinder darin spielen.

## Lernziele

Holzbearbeitung, Knotentechniken, Orts- und Materialauswahl, Statik, Konstruktionsbau

## Material

Einige Meter Naturleine + Bändchengewebeplane, ca. 2 x 2 Meter groß + Schlafsack + Isomatte + ggf. Übernachtungsmaterial + Handschuhe

## Anleitung

1. Zuerst wird eine geeignete Stelle für die Hütte ausgewählt (dabei auf einen ebenen, trockenen und möglichst weichen Untergrund achten und diesen ggf. von Steinchen oder Tannenzapfen ö. ä. befreien).

2. Nun wird Baumaterial zusammengetragen. Herumliegende Äste, Reisig usw. werden vom Boden aufgesammelt (nicht frisch geerntet) und auf einen Haufen gelegt. Deckmaterialien wie Laub, Brennnesseln (Handschuhe tragen!) und Goldrute werden am besten in der Folie vom Sammelort zum Bauplatz transportiert.

3. Eine Astgabel, deren Basis etwa einen Meter lang ist, wird in den Boden gerammt. Sie sollte leicht schräg stehen, damit man später daran vorbei in die Hütte kommt (die Astgabel befindet sich im Hütteneingang). Wenn der Boden zu hart ist, kann die Astgabel mit einem weiteren Stück abgestützt werden.

4. Auf die Astgabel wird ein etwa wird ein etwa körperlanger, gerader Ast aufgelegt und mit einem Stückchen Schnur festgebunden. Kippt dieser Dachfirst, werden noch ein paar zusätzliche Gabeln seitlich als Stütze eingesteckt.

5. Beide Dreiecksflächen zwischen First und Boden werden eng mit Stöcken und Reisig bedeckt, so dass die Höhlengrundform entsteht.

**Hinweis:**

Entgegen aller Erwartung haben viele Förster nichts dagegen, wenn Eltern mit ihren Kindern Laubhütten im Wald bauen. Wenn Sie ohne Folie, Nägel oder Draht arbeiten, dürfen Sie manchmal die Hütte sogar stehen lassen und immer wieder besuchen. Achten Sie in diesem Fall auf »Leichtbau«, damit keine Verletzungsgefahr für andere Besucher besteht.

6. Die Hütte wird so mit der Bändchengewebefolie abgedeckt, dass der Eingang frei bleibt.

7. Nun können Isomatte und Schlafsack in die Hütte geräumt werden. (Dies kann zwar auch ganz zum Schluss geschehen, dann steigt jedoch das Risiko, dass das Dach dabei versehentlich »abgedeckt« wird.)

8. Das Dach wird nun mit dem vorher zusammengetragenen Gestrüpp, dem trockenen Laub und Halmen bedeckt. Die Schicht darf bis zu 30 cm dick sein. Sehr viel mehr sollte allerdings nicht aufgelegt werden: Falls die Hütte einbricht, lässt sich dieses Gewicht auch von einem Kind noch gut wegräumen.

9. Die Hütte ist fertig! Um hineinzukommen, muss man sich auf den Hosenboden setzen, die Schuhe ausziehen und mit den Füßen voran in den Schlafsack krabbeln.

9

Workshop zu Kapitel 4: Wertvolle Glut

# Feuer aus Glut entwickeln

Feuer ist nur für denjenigen gefährlich, der nicht damit umgehen kann, der die Gefahren deshalb nicht richtig einzuschätzen gelernt hat und der seine Möglichkeiten, das Feuer zu kontrollieren, falsch wahrnimmt. Die Flamme gehört auch heute noch zu unserem Leben dazu. Nicht nur am Lagerfeuer oder im Holzkohlegrill. Ob Verbrennungsmotor, Ölheizung oder Heizkraftwerk: Die Verbrennung spielt immer eine Rolle. Allerdings wurde das »offene Feuer« gebändigt und in geschlossene Anlagen verbannt.

Wir Menschen haben seit vielen Jahrtausenden gelernt, mit dem Feuer zu arbeiten. Wir verwenden es als Kochstelle und als Lampe, als Heizung und zur Abwehr von Tieren oder zum Verkohlen und Brennen von Keramik. Umso verwunderlicher ist es, dass das Feuer im Sinne einer Feuerstelle mit Holz, Ruß und Rauch und allem, was sonst noch dazugehört, so sehr reglementiert worden ist, dass es kaum noch möglich ist, ein Feuer draußen legal zu entzünden. Spätestens aber, wenn man abends näher ans Lagerfeuer rückt und einer Geschichte lauscht, Stockbrot röstet oder einfach nur still in die Flammen schaut, merkt man, dass die »echte« Flamme alternativlos ist: Weder Gasgrill, noch Fernseher und Mobiltelefon können diese Atmosphäre ersetzen. Umso wichtiger ist es, dass ein Anlass gefunden wird, Feuer zu machen.

Denn: Kinder zündeln immer. Wenn Kinder die Möglichkeit haben, das Feuer als Ritual wahrzunehmen, zu dem die richtige Vorbereitung gehört, ist die Gefahr geringer, dass sie heimlich mit der gefundenen Streichholzschachtel auf dem Dachboden herumkokeln.

Gelegenheiten, das Feuermachen zu üben, gibt es tatsächlich genügend, auch wenn man sich zumindest in den meisten mitteleuropäischen Ländern vom Gedanken verabschieden muss, legal irgendwo *wild* am Lagerfeuer zu sitzen. Sie können beispielsweise die öffentlichen Waldgrillplätze nutzen, die es in jedem Landkreis gibt. Hier lässt sich auch vermitteln, dass es in Ordnung ist, Feuer zu machen – wenn es an der richtigen Stelle und in korrekter Form passiert. Besser ist natürlich der eigene Garten, ein Freizeitgelände oder Pfadfinderplatz, wo es etwas mehr Spielraum bezüglich der Form und Größe der Feuerstelle gibt, so dass die sichere Vorbereitung geübt werden kann.

Auch zu Hause sollten Sie mit gutem Beispiel vorangehen und immer (!), wenn eine offene Flamme im Spiel ist, eine Löschdecke oder einen Feuerlöscher griffbereit halten. Das Feuer sollte nicht größer sein als notwendig. Aus diesem Grund wird die gesamte Feuerstelle so aufgebaut, dass sie nach dem Entzünden nicht mehr »gefüttert« werden muss, sondern genügend Glut zum Kochen einer Mahlzeit bietet. Dadurch wird verhindert, dass das Feuer mit der Zeit immer größer wird oder »wandert«.

In diesem Workshop geht es also um das Entzünden einer Feuerstelle. Nicht unbedingt mit Bohrbrett und Spindel, wie in der Geschichte beschrieben, da dies die Fähigkeiten von Kindern übersteigen würde. Um das Ganze dennoch anspruchsvoll und daher spannend zu gestalten, sollten Sie nicht einfach nur ein Feuerzeug oder Streichholz verwenden, sondern mit einem Stückchen Glut arbeiten, die vom kleinen Survivalexperten zur Flamme entwickelt werden soll. Dazu nehmen Sie ein Feuerzeug und etwas Grillkohle mit und übergeben die Glut erst, wenn alles gut vorbereitet und »trocken« geübt wurde.

Beim Entzünden der Flamme aus Glut mit Hilfe eines Feuernests können Kinder in unmittelbarem Kontakt erlernen, dass auch durch wenig Brennmaterial große Hitze erzeugt wird. Vor allem die kleine, aber ungefährliche Verpuffung beim Entflammen ist sehr beeindruckend. Die Geschwindigkeit, mit der das Bündel in die Feuerstelle gebracht werden muss, stellt außerdem sehr plastisch klar, dass Feuer schnell außer Kontrolle gerät. Anders können Kinder diese wichtigen Erfahrungen mit dem Feuer heute nicht mehr ohne Weiteres machen. Umso wichtiger ist es, dass dieser Workshop regelmäßig wiederholt wird, um schon in jungen Jahren Übung und Erfahrung zu erwerben – und auch um dem Feuer die Aura des Verbotenen zu nehmen, die zum heimlichen Zündeln führt.

In der Schweiz ist es Tradition (und mit Ausnahmen auch legal), zum Grillen von Cervelat (einer kleinen Grillwurst) ein Picknickfeuer zu entzünden. Ansonsten finden Sie hoffentlich die entsprechende Möglichkeit, regelmäßig gemeinsam für zwei Stunden einen Waldgrillplatz zu besuchen, eine Feuerstelle aufzubauen und eine Wurst darüber zu grillen.

## Lernziele

Sicherer Umgang und Erfahrung mit dem Feuer, Entzünden einer Flamme

## Material

Trockenes Heu oder Stroh + feine Fasern (z.B. Kosmetikwatte, Rohrkolben- oder Pappelsamen) + Grillkohle + Grillpinzette oder Zange + Feuerzeug + Löschdecke und/oder Feuerlöscher + Oberbekleidung aus robuster Baumwolle

## Anleitung

1. Es wird eine geeignete Feuerstelle gesucht. Über die Feuerstelle und am Ort des Anblasens dürfen keine Äste hängen. Außerdem darf der Boden nicht aus Moos, Tannennadeln oder Torf bestehen.

2. Die Feuerlöschmaterialien werden gut sicht- und greifbar platziert.

3. Der Boden wird von allen brennbaren Materialien befreit. Die Feuerstelle erhält eine Einfassung in Form eines Steinkreises von ca. 40 cm Durchmesser, damit keine Glut herausfallen kann.

4. Das Grundgerüst der »Debris Hut« (siehe Seite 70) wird aus dürren Ästen aufgebaut. Die Gesamtgröße sollte bei etwa 20 cm Höhe und 30 cm Länge liegen.

5. Nach einer Schicht von sehr dünnen Zweigen erhält die Feuerstelle eine weitere Schicht aus ca. 1 cm dicken Ästchen.

6. Das Feuernest wird aufgebaut: Eine Handvoll Stroh wird zu einem kleinen Strauß zusammengeknäult. In die Mitte kommt eine etwa tischtennisballgroße Menge der feinen Fasern. Ist das Nest fertig, halten Sie ein kleines (!) Stückchen Kohle mit der Grillpinzette fest und bringen es mit dem Feuerzeug zum Glühen.

7. Die glühende Kohle wird so in die feinen Fasern eingedrückt, dass sie nicht mehr hinausfallen kann. Nun wird das Feuernest über den Kopf gehalten, damit der Rauch besser abziehen kann. Man pustet in die Glut, wobei die Augen geschlossen werden müssen, damit kein Funken darin landet. Zum Einatmen wird der Kopf weggedreht, damit man keinen Rauch inhaliert.

8. Brennt das Feuernest, wird es schnellstmöglich in den »Hütteneingang« der Feuerstelle geschoben. Die Konstruktion sollte nun von alleine abbrennen.

9. **Während die Flamme lebt, ist der Geist beim Feuer!** Die Feuerstelle wird nicht verlassen oder vernachlässigt, solange sie brennt. Sobald das Holz zu Glut heruntergebrannt ist, kann darauf Nahrung oder Tee zubereitet werden.

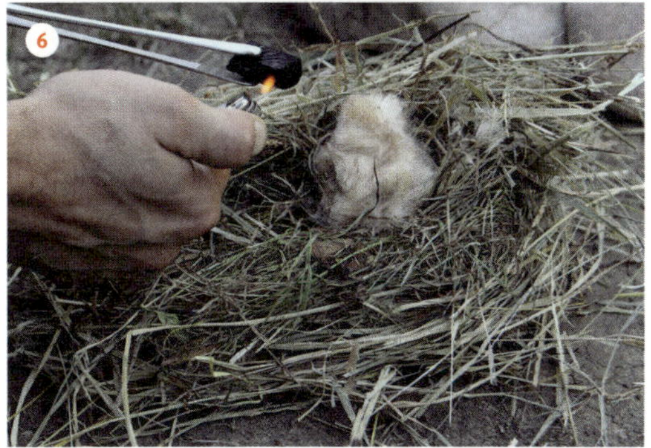

**Hinweis:**

Achten Sie bitte unbedingt darauf, dass der Boden um die Feuerstelle großflächig von Brennbarem freigeräumt wird. Wenn beim Anblasen das Zundernest in Flammen aufgeht, muss das Kind die Möglichkeit haben, das Bündel gefahrlos fallen zu lassen, wenn ihm die Sache *zu heiß* wird.

# Schwimmübungen für den Notfall

Ertrinken ist eine der häufigsten Todesursachen bei Kindern im Vorschulalter. Wenn Kinder am Rand eines Tümpels abrutschen und hineinfallen, wenn sie sich beim Schwimmen überschätzen oder aber in ungeeigneten Gewässern baden, kann das fatal enden. Noch viel häufiger sind »Beinahe-Ertrinkungsfälle«. Hier können die Folgen dramatisch sein: von Lungenentzündungen durch eingeatmetes Wasser bis hin zu schweren geistigen Einschränkungen.

Dabei ist das Grundproblem ziemlich klar: Nicht der Kontakt mit Wasser oder die Anzahl der Gewässer sind ausschlaggebend, sondern der Umstand, dass viele Kinder im Vorschulalter nicht oder nur mangelhaft schwimmen können. Wer regelmäßig in Freigewässern schwimmt, kann Entfernungen, Strömungen und die eigene Kondition viel besser einschätzen als ein ungeschulter Schwimmer. Wenn doch einmal die Puste ausgeht oder ein Kind unerwartet ins Wasser fällt, sollte es die notwendigen Techniken erlernt haben, um sich möglichst lange an der Wasseroberfläche zu halten und so das rettende Ufer zu erreichen.

Hierbei soll das Selbstrettungsschwimmen durchaus mit Spaß erfolgen: **Wer sich mit dem Element angefreundet hat und weiß, wie man sich in ihm bewegt, neigt viel weniger dazu, in Panik zu geraten.** Und Panik kann im Wasser tödlich sein. Die Übungen sollten also in flachem Wasser und nur unter direkter Aufsicht erfolgen. Dabei sollten Sie aber nicht auf Schwimmhilfen wie Schwimmflügel oder Schwimmwesten zurückgreifen (Letztere sollten bei Aktionen am Wasser natürlich möglichst getragen werden), da diese zusätzlichen Auftriebskörper zu einer falschen Gewöhnung an das eigene Eintauchen führen. Zu viele Kinder sind schon, während die Mutter gerade noch den Schwimmflügel aufgeblasen hat, in das Schwimmbecken gesprungen und sofort abgetaucht.

Es soll nicht das Ziel sein, einen perfekten Schwimmstil zu erarbeiten oder eine »Technik« genau zu beherrschen. Es geht schlicht darum, dass das Kind Bewegungsabläufe erlernt, körperliche Leistungsfähigkeit entwickelt und Lösungswege kennenlernt.

Das Training kann in zwei Varianten durchgeführt werden (die beide mehrmals bzw. regelmäßig trainiert werden sollten): Eher unerfahrene Schwimmer nehmen die normale Badehose bzw. den Badeanzug, geübte Schwimmer üben die Techniken mit einer leichten kurzen Hose und einem T-Shirt, denn oft fallen Kinder in voller Garderobe ins Wasser. Bei der zweiten Variante geht es darum, den erhöhten Widerstand im Wasser, die eingeschränkte Beweglichkeit und das tiefere Einsinken unter die Wasseroberfläche zu spüren sowie das Entfernen der schweren, vollgesogenen Kleidung im Wasser zu üben. Die beschriebenen Übungen lassen sich variieren und mit entsprechenden Zielen kommunizieren: Es kann eine gewisse Strecke über hüfttiefem Wasser zurückgelegt werden. Dabei wird jedes Mal ein wenig mehr Strecke zurückgelegt oder aber das Kind versucht, eine Minute an der Wasseroberfläche ruhig zu schwimmen und sich von der Bauch- in die Rückenlage zu drehen, um eine weitere Minute zu treiben. Es können kleine Schwimmkörper auf der Wasseroberfläche platziert werden, die aufgesammelt werden sollen, oder an einem etwas abschüssigen Ufer soll vom Wasser aus das sichere Land erreicht werden. Auf diese Weise setzt sich das Kind spielerisch mit der Gefahr des Wassers auseinander und reagiert im Notfall selbstsicherer, als wenn das Baden ständig als hochgefährliche Angelegenheit vermittelt wird.

## Lernziele

Eigensicherung im Wasser, Selbstrettung, Selbstvertrauen gegenüber dem Element Wasser

## Material

Badebekleidung + ggf. leichte Sommerbekleidung zum Schwimmen + Handtuch + warme Wechselkleidung

## Anleitung

1. Begonnen wird nur in Badehose bzw. -anzug. Das Kind soll im hüfttiefen Wasser in die Knie gehen und den eigenen Auftrieb spüren. Nun soll es versuchen, das Gesicht immer wieder in das Wasser einzutauchen und dabei ein wenig *durch die Nase* auszuatmen. Zum Einatmen durch den Mund wird der Kopf über die Wasseroberfläche angehoben.

2. Durch langsames Neigen nach vorn wird die Bauchlage eingenommen. Hier sollte ein unterstützender Griff der Begleitperson ein unkontrolliertes Umdrehen und Abtauchen verhindern. Flach auf dem Bauch liegend mit gespreizten Armen und Beinen wird die Atemübung aus Schritt 1 wiederholt. Diese Bauchlage sollte so lange und oft geübt werden, bis das Kind sie eigenständig mindestens eine Minute halten kann.

3. Durch Anziehen der Gliedmaßen einer Körperseite (Ellenbogen an Knie) wird ein Ungleichgewicht hergestellt. Der Körper beginnt, sich um die eigene Achse zu drehen.

4. Durch Druck mit dem gestreckten Arm und Bein auf die Wasseroberfläche kann das Kind einen Drehimpuls erzeugen. Unterstützt wird das durch leichtes Abwinkeln des Rumpfes. Dabei leicht durch die Nase ausatmen.

**Hinweis:**

Achten Sie auch in warmem Badewasser darauf, dass das Kind im Eifer des Gefechts nicht unterkühlt! Sind Lippen und Finger blau, sollte die Badeübung beendet werden.

5. Der Körper dreht sich nun vollständig um die eigene Achse. Kurz bevor die Rückenlage erreicht wird, werden die angezogenen Gliedmaßen ausgestreckt.

6. Arme und Beine werden sternförmig vom Körper gestreckt gehalten. Die Handflächen zeigen nach unten. Die Rückenlage soll stabil und ruhig sein.

7. Das Kind soll nun versuchen, ganz ruhig zu atmen. Es soll beim langsamen Ausatmen merken, dass es etwas absinkt. Bevor es abtaucht, soll es nochmals einatmen – achten Sie darauf, dass der kleine Schwimmer nicht hyperventiliert und auch nicht zu flach atmet.

8. Kann das Kind die Übung schon sicher durchführen, kann durch Schließen und Öffnen der Beine bei gleichzeitigem Rudern mit den Händen die Drehung um die »Nabelachse« geübt werden: »Wer in einen Fluss gefallen ist, muss mit den Beinen voraus treiben, damit er sich nirgends den Kopf anschlägt.«

**Hinweis:**

Die Übung wird nach einigen Übungssessions in einer leichten Shorts und mit Hemd, später mit normaler »Straßenkleidung« wiederholt. Hier ist das Lernziel, sich eine Zeitlang an der Oberfläche zu halten und sich dann im Wasser der Kleidung zu entledigen.

Workshop zu Kapitel 6: Gestrandet

# Ein Floß aus Gestrüpp

Der Bau eines kleinen Floßes oder eines Boots hat für Kinder einen großen Spaßfaktor. Wichtig sind hier Sicherheit und Erfolg des Vorhabens. Dabei besteht der Erfolg nicht darin, dass das Floß wildwasserfest ist, sondern dass es zusammenhält und den kleinen Indianer einigermaßen über der Oberfläche hält, so dass mit einem Stock ein wenig gepaddelt werden kann.

Der selbstständige Bau von manövrierfähigen Fahrzeugen – vom selbstgebauten Skateboard bis hin zur Seifenkiste – ist immer sehr befriedigend. Vielleicht auch, weil dies ein wenig Unabhängigkeit bedeutet – wenn auch nur in der Flachwasserzone.

Und je nach Können des Kindes sollte das Floß auch nur in der Flachwasserzone eingesetzt werden. Es kann beispielsweise anstelle des aufblasbaren Gummikrokodils beim Baden als sogenannte »Schwimmhilfe« genutzt werden. Vielleicht findet sich am heimischen Badesee sogar ein Abschnitt, der überquert werden kann. Er darf nur so tief sein, dass mindestens der Betreuer stehen und im Notfall eingreifen kann.

Üben Sie mit dem Kind das Aufsitzen auf das Floß erst am Ufer und dann im knöcheltiefen Wasser. Von dort aus soll es selbstständig voranstochern. Vielleicht bauen Sie eine kleine Boje mit einer leeren Flasche an einer mit einem Gewicht beschwerten Leine, um die das Boot gesteuert werden soll. So behalten Sie mit diesem Fixpunkt den Überblick, wie weit das Boot sich vom Ufer entfernt und ob es ungewollt in tiefere Bereiche treibt. Allerdings sollten Sie das Boot nicht anleinen, auch wenn es hilfreich scheint: Beim Kentern des Boots können sich das Kind oder der Betreuer in der Schnur verfangen.

Vor dem Bootsbau direkt vor Ort, also am Badesee oder Teich, sollte erklärt und beachtet werden, dass Baumaterialien am Ufer oft wichtiger Lebensraum für Tiere sind. Wenn möglich, sollte auf Schilf verzichtet werden, wenn andere Baumaterialien verfügbar sind. Schilfähnliche Baumaterialien sind Chinaschilf, Goldrute, Topinambur- oder Sonnenblumenstängel etc., die beim Bauern oft kostenlos bezogen werden können.

Da der Bootsbau in aller Regel zwischen Mitte Juni und Mitte September durchgeführt wird, weil zu dieser Zeit die Wassertemperatur badetauglich ist, sind bebrütete Nester in den Randzonen der Gewässer normalerweise nicht zu erwarten. Dennoch sollte der Bereich vorher gut abgesucht werden – Naturschutzzonen etc. sind zu meiden.

Sind hohle, schilfähnliche Halme nicht verfügbar oder können aus anderen Gründen nicht verwendet werden, können die Pontons auch mit alternativen Materialien aufgebaut werden. Dabei lässt sich gut erklären, dass »wir gerade nicht im Notfall sind und das Schilf für ein andermal schonen« oder »immer auf das zurückgegriffen wird, was in großer Menge vorhanden ist«. Sie können beispielsweise Wiesenheu, Brennesseln, trockenes Laub, Reisig o.ä. benutzen.

Wir verwenden »Wurstpontons«, die einfach mit Bändchengewebeplane vom Baumarkt konstruiert werden können. Sollten Sie nach entsprechender Mahd an Schilf, lange Mais- oder Sonnenblumenstängel gelangen, können Sie die Pontons auch aus zusammengelegten Bündeln ohne Folie herstellen. Die Arbeitsweise bleibt die gleiche.

## Lernziele

Sicherheit am Wasser, Gleichgewichtssinn, Arbeiten mit großen/schweren Gegenständen

## Material

Naturleine + 2 Bändchengewebeplanen, ca. 2 x 2 Meter + Messer + ggf. Schwimmhilfe

## Anleitung

1. Die beiden Pontons sollten je ca. 1,5 – 2 Meter lang werden und jeweils das doppelte Volumen des kleinen Überlebensexperten enthalten. Entsprechend viel Füllmaterial (Stängel, Stroh, Brennnesseln oder Gras bzw. Laub, Reisig und dergleichen) wird gesammelt. Halme werden möglichst weit unten mit dem Messer geerntet. **Dabei sollte darauf geachtet werden, dass die Schnittrichtung nach unten und vom Körper weg erfolgt.** Vorsicht auch vor den scharfen Blatträndern der Halme, an denen man sich schneiden kann.

2. Bau eines Wurstpontons: Das Gestrüpp wird mittig auf eine ausgebreitete Folie gelegt. Idealerweise haben die Halme dieselbe Strangrichtung, das vereinfacht später das Aufrollen. Spitze Äste, Halmenden etc. werden dabei entfernt bzw. umgeknickt, damit die Folie keinen Schaden nimmt.

3. Das Füllmaterial wird nun gleichmäßig verteilt, so dass zu zwei der Folienkanten jeweils 30 – 40 cm frei bleiben. An diesen zwei Seiten wird das Füllmaterial am Ende etwas »ausgedünnt«. Dadurch werden die Pontons später spindelförmig.

4. Die freigelegten Folienkanten werden nun ca. 30 – 40 cm über das Gestrüpp eingeschlagen, damit dort später kein Wasser hineinläuft.

5. An einer der übrigen Folienkanten wird begonnen, die Folie mit dem darauf liegenden Material einzuwickeln. Dabei entstehen mehrere Stroh-Folie-Schichten wie bei einer Roulade. Dieser Vorgang ist etwas diffizil und benötigt helfende Hände.

6. Das Zentrum des Bündels wird mit jeweils einem Knoten (Knoten 1) fixiert. Die Leine wird so bemessen, dass zwei etwa 4 Meter lange Enden überstehen.

7. Von der Mitte aus werden die beiden Leinen spiralig fest bis zur Pontonspitze gewickelt und dort festgeknotet (Knoten 2).

8. Ein Wurstponton ist nun fertig. Für den zweiten Ponton Schritt 2 bis 7 wiederholen.

9. Die Pontons sollten nun für den weiteren Aufbau ins seichte Wasser gerollt werden. Mit einer Seite müssen sie am Ufer aufliegen, damit sie nicht wegtreiben.

10. Als Sitzfläche werden vier bis sechs stabile Stöcke quer auf die parallel liegenden Pontons gelegt. Mindestens der vordere und der hintere dieser Stöcke werden mit kreuzweise gewickelter Leine (Knoten 2) am ersten Ponton befestigt.

11. Die an einer Seite gesicherten Stöcke werden in etwa 50 cm Entfernung am anderen Ponton befestigt.

12. Das Aufsitzen sollten Sie im flachen Wasser mit aufgelegten Pontons üben. Dazu wird zuerst das dem Boot nähere Bein auf die Sitzfläche abgelegt und, gestützt auf einen Ast, Platz genommen und ausbalanciert, bevor das andere Bein zum Boot gezogen wird.

4
5
6
7
8
10 + 11
12

Workshop zu Kapitel 7: Auf leisen Sohlen

# Tierspuren finden und bestimmen

Wenn die Sonne draußen untergeht und Wald und Flur vom grauen und konturlosen Schleier der Schatten bedeckt werden, ziehen sich viele Tiere – und auch Menschen – zurück in ihre sicheren Behausungen und Unterschlupfe. Andere stehen erst mit dem letzten Sonnenstrahl auf, nachdem sie den Tag verschlafen haben, und beginnen ihr »Nachtwerk«.

Es ist eine geheimnisvolle Parallelwelt, die nach Einbruch der Dämmerung entsteht. In aller Stille, zuerst sehr vorsichtig, dann ganz selbstverständlich, aber immer vor den Blicken der Menschen verborgen, suchen Dachse und Igel nach Würmern und Käfern, marodieren die Wildschweine auf Feldern und Wiesen und scharren Füchse nach Mäusen. Nur selten ist das Quieken der Frischlinge, das Schmatzen eines Dachses das Husten des Igels oder das »Bellen« eines erschreckten Rehs zu hören.

Wenn die Sonne wieder aufgeht, bleiben von dem nächtlichen Spektakel nur ein paar Löcher in der Wiese, das eine oder andere Losungshäuflein und Fußspuren übrig.

Dabei gibt es ganze »Autobahnen« im Wald, auf denen die Tiere regelmäßig von ihren Tageseinständen zu den Nahrungsgründen ziehen. Man findet sie ganz einfach und oft lassen sie sich über weite Strecken verfolgen und dabei die Aktivität des Tieres nachvollziehen: »Dort ist ein Fuchs gelaufen, der am Wegrand ein Loch gebuddelt hat.« Oder: »Hier ist ein Wildschwein unterwegs gewesen, das sich an der alten Buche geschubbert hat.« Und: »Dieses Reh hat zuerst an Brombeerenhecken die jungen Blätter gefressen und sich dann einige hundert Meter weiter in die Wiese gelegt.«

Dabei geht es bei der Spurensuche nicht darum, den Tieren nachzustellen, sondern darum, wahrzunehmen, dass im Verborgenen ganz viele Tiere unterwegs sind – und auch zu erkennen, welche es waren. Wer weiß, welche Tiere im Wald unterwegs sind, hat vor ihnen keine Angst mehr, weil er sie kennt und durch die Trittsiegel auch einen berührbaren Bezug zu ihnen hat. Denn Wälder, Felder, Fluren und Hecken genügen sich nicht selbst. Richtig große Tiere wohnen dort – und zwar überall!

Selbst wenn Sie in der Stadt wohnen, reichen einige zusammenhängende Grünstreifen als Einstand von Schweinen und Rehen aus. Mitten in der Innenstadt »schnüren« Füchse am Gehsteig entlang in den Vorgarten und Wildschweine haben schon so manchen Park umgepflügt, Igel suchen dort nach Schnecken.

Das Spurensuchen bringt stundenlange Spannung und Unterhaltung. Das Kind kann dem Tier, das es womöglich noch nie direkt gesehen hat, physisch nämlich ganz nah sein und ihm leise im »Indianergang« folgen.

Idealerweise kombiniert man die Spurensuche mit dem Besuch eines Wildgatters, die es zahlreich in Mitteleuropa gibt: mit Wildschweinen, Rehen, Hirschen und so weiter.

Wir konzentrieren uns hier auf die Spuren und Fährten der häufigsten Tiere in Mitteleuropa – Reh, Fuchs, Dachs, Wildschwein, Kaninchen und Rabenvögel. Über die Tiere und die entsprechenden Spuren und Fährten sollten Sie so viel wie möglich wissen, um auf der Pirsch als »Pfadfinder« ihrem »Schüler« auf den Knien mit scharfem Blick verschiedene Dinge zuflüstern zu können.

Ideal dazu sind Tage nach Regen oder nach einer Nacht mit leichtem Schneefall. Allerdings können Sie mit genügend geschärftem (also vorher trainiertem) Blick zu jeder Witterung auf Lehmböden oder im Moos Tierspuren erkennen. Hilfreich kann bei der Bestimmung sein, eine starke Lampe flach daneben zu halten, um die Konturen zu verstärken.

Zwar sollten Sie sich nicht in die Dickungen schlagen, wo die Tiere sich am Tag ausruhen. Aber wenn Sie sehr leise einer Rehfährte durch den Wald folgen – und plötzlich ein Reh vor ihnen steht, das »bellend« durch den Wald weggaloppiert, werden Sie dem kleinen Spurensucher ein Naturerlebnis bescheren, von dem er noch lange Zeit erzählen wird.

## Lernziele

Den Wald als Lebensraum begreifen, Spurenkunde, Selbstsicherheit in der Natur, sichere Bewegung im Wald, Körperbeherrschung

## Material

Ggf. Fernglas + »Käsefähnchen« (Fahnenpicker) zur Markierung der Spuren + starke Taschenlampe

## Anleitung

Indianergang: Ziel des Indiandergangs ist es, sich sicher und sehr leise auch durch dichtes Unterholz zu bewegen. Dabei übernimmt der Pfadfinder eine Bewegung, die auch von Wildtieren beim Schleichen genutzt wird: Beim Gang wird nicht fließend über die Ferse abgerollt, sondern ein Bein bleibt immer sicher am Boden, bis das andere sicheren Stand hat. Bei dieser Übung kann der Mentor jederzeit »Stopp« sagen – und der Läufer muss in der Bewegung einfrieren, ohne nach vorne zu kippen. Diese Technik wird barfuß durchgeführt und sollte bei ersten Versuchen natürlich nicht durch Dornen oder über spitze Steine führen.

1. Begonnen wird, indem man mit parallel stehenden Füßen leicht abhockt. Der Schwerpunkt wird dabei immer mehr auf ein Bein verlagert, bis das andere keinen Druck mehr auf den Boden erzeugt.

2. Das entlastete Bein wird zu einem kleinen Schritt nach vorne geführt und vollflächig ganz vorsichtig leicht belastet. Mit dem vorderen Fuß wird der Boden abgetastet. Knackende Äste, Laub und Steine werden ganz langsam weggefegt.

3. Die Fußsohle wird gleichmäßig immer stärker belastet, bis der Stand auf beiden Beinen stabil ist. In einer langsamen Bewegung wird der Schwerpunkt über den vorderen Fuß gebracht und der nächste Schritt ausgeführt.

## Tiere und ihre Spuren:

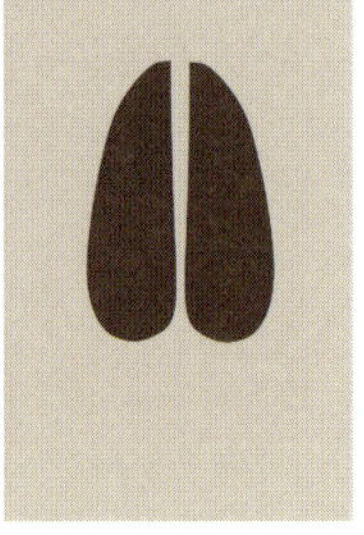

### Reh

**Lebensweise:** Tagsüber in Hecken und im Wald, nachts oft an Waldrändern und auf Wiesen.

**Nahrung:** Junge Triebe zarter Kräuter, Farne, Knospen.

**Besonderheit:** Werden Rehe gestört, flüchten sie und »bellen« dabei, um andere Rehe zu warnen. Männchen »fegen« im Frühling ihre kleinen Geweihe an Bäumen.

**Beobachtung:** In der Dämmerung spät abends und früh am Morgen an Waldrändern.

*Rehe treten oft in ihre eigenen Spuren, wodurch ein Doppelabdruck entsteht.*

### Fuchs

**Lebensweise:** Der Wildhund lebt in Höhlen und sucht abends und in der Nacht nach Nahrung. Ist sehr vorsichtig und läuft auf leisen Pfoten.

**Nahrung:** Mäuse, Würmer, Käfer und Beeren. Manchmal auch Fleisch von verendeten Tieren.

**Besonderheit:** Die Losung hinterlässt er gerne auf Steinen oder Baumstümpfen.

**Beobachtung:** In der Dämmerung und nachts.

*Fuchsspuren sind in einer geraden Linie angeordnet. Man sagt deshalb: »Der Fuchs schnürt«.*

### Dachs

**Lebensweise:** Dachse sind scheu und verbringen die allermeiste Zeit ihres Lebens im Bau. Nur nachts in den warmen Monaten verlassen sie ihn zum Fressen.

**Nahrung:** Mit seiner feinen Nase sucht der Dachs vor allem Regenwürmer, verschmäht aber Pflanzen, Insekten und Mäuse auch nicht.

**Besonderheit:** Der Dachs gräbt Toiletten. Seine Höhlen können riesig sein.

**Beobachtung:** Abends am Dachsbau.

*Dachspranken haben große Krallen, die immer in den Boden abgedrückt werden. Er »nagelt«.*

## Wildschwein

**Lebensweise:** In Familienstrukturen, die »Rotten« genannt werden. Junge Eber sind aber auch in kleinen Trupps oder alleine unterwegs.

**Nahrung:** Ausgesprochene Allesfresser, die jedoch Pflanzen und Insektenlarven bevorzugen.

**Besonderheit:** Schweine baden gerne im Schlamm und schubbern sich an Bäumen.

**Beobachtung:** Sehr »heimlich« – nur zufällig wild zu beobachten.

*Die hinteren beiden Zehen der Wildschweine sind in der Spur fast immer abgedrückt.*

## Krähe

**Lebensweise:** Übernachtet in Gruppen auf Schlafbäumen und sucht tagsüber nach Fressbarem. Als Standvogel wohnt sie ganzjährig bei uns.

**Nahrung:** Als Allesfresser nimmt sie alles, was sie finden kann.

**Besonderheit:** Krähen sind gesellig und sehr intelligent. Sie lassen Nüsse aus der Luft auf Steine fallen, um sie zu knacken.

**Beobachtung:** Oft in großen Schwärmen auf Feldern.

*Spuren von Vögeln beginnen und enden plötzlich – dort liegen Lande- und Startplatz.*

## Kaninchen

**Lebensweise:** Leben in kleinen Höhlen, die zahlreiche Ausgänge haben. Oft durchlöchern sie lehmigen Boden mit einem engmaschigen Netz aus Gängen.

**Nahrung:** Mümmeln gerne alle möglichen Pflanzenteile – vom Blatt bis zur Wurzel.

**Besonderheit:** Erschrecken sich Kaninchen, trommeln sie mit den Hinterbeinen auf den Boden, um die Nachbarn zu warnen.

**Beobachtung:** Sitzen schon vor der Dämmerung, oft auch tagsüber, vor ihren Bauten und fressen.

*Kaninchen überholen mit ihren Hinterläufen die Vorderfüße. Darum hoppeln sie.*

# Fladenbrot aus Grassamen

Der Getreideanbau ist einer der Gründe, warum wir heute in Siedlungen leben und nicht mehr das nomadische »Jäger/Sammler«-Dasein führen. Die Samen verschiedener Pflanzen, vor allem von Gräsern, wurden schon seit jeher als Grundnahrungsmittel verwendet.

Die Zucht großsamiger Urweizensorten und das jährliche Ernten werden allerdings erst seit einigen tausend Jahren betrieben. Davor wurden Wildgräser gesammelt und verarbeitet. Der große Unterschied zwischen Wild- und Zuchtgetreiden ist, dass Wildgetreide unmittelbar zur Samenreife die Körner fallen lassen. Darum ist das Sammeln reifer Samen mühsam und schwierig. Aus diesem Grund werden meist halbreife Samen großkörniger Wildgräser verarbeitet. Sie enthalten im Zustand der sogenannten »Milchreife« noch viel Wasser. Deshalb geben sie beim Mahlen ihren Inhalt als weiße, mehlige Flüssigkeit ab. Einzig einige Sauergrasarten halten ihre Samen in der Ähre, bis sie reif sind. Sie enthalten aber wenig oder kein Gluten, das notwendig ist, um feste Fladen zu backen.

Je nachdem, welche Gräser verfügbar sind, sollten Sie einige Gramm im Reformhaus gekaufte Weizenkörner oder ein wenig Vollkornmehl dabeihaben und dem selbst hergestellten »Mehl« beimengen. Dies ist auch deshalb zu empfehlen, weil die Herstellung von Mehl sehr viel Zeit in Anspruch nimmt. Für einen kleinen Fladen oder Kräcker können Sie etwa zwei Stunden einrechnen. Diese langwierige Arbeit sollte aber auch als Hommage an die frühen Getreidekulturen angesehen werden, deren Mitglieder einen Großteil des Jahres damit verbracht haben, sich Vorräte für den Winter anzulegen.

Zu beachten ist beim Sammeln von Grassamen, dass die Ähren frei von Pilzkörpern oder klebrigen Schleimtropfen sein sollten. Diese geben verschiedene Stoffe, wie das gesundheitsschädliche Aflatoxin, in das Korn ab. Die Gefahr ist bei selektivem Sammeln aber gering. Außerdem sollten Grasarten mit winzig kleinen Samen (unter einem Millimeter Größe) nicht verwendet werden. Hierunter fällt nämlich der zwar sehr seltene, aber giftige Taumellolch. Natürlich können Sie auch beim Bauern fragen, ob sie dem Feld einen Strauß reifen Weizens entnehmen dürfen.

Für Kinder geeignete Pflanzen zu finden, ist gar nicht so einfach. Die Verträglichkeit für Kinder ist bei den allermeisten Wildformen gänzlich unbekannt. **Deshalb sollten Sie grundsätzlich Ihnen bekannte essbare Pflanzen nicht einfach für Kinder zubereiten:** Heranwachsenden fehlen nämlich bestimmte Enzyme, die beim Erwachsenen die Verträglichkeit verschiedener Pflanzen sicherstellen. Mit den hier verwendeten Grassamen, Löwenzahnblüten und Wegerichkörnern sind Sie aber auf der sicheren Seite. Sie lassen sich außerdem gut erkennen und kaum verwechseln.

Die Herstellung des eigenen Brotes – ob mit oder ohne Untermengung von gekauftem Getreide – soll die mühsame Arbeit und den enormen zeitlichen Aufwand vermitteln, den die Grundversorgung mit Nahrungsmitteln erfordert. Sie können erklären, dass für ein ein Kilogramm schweres Brot rund 15.000 Weizensamen oder 200.000 Grassamen gesammelt, gemahlen und gebacken werden müssen.

## Lernziele

Herstellung und Wertschätzung von Nahrungsmitteln, kindgerechte essbare Pflanzen, Ausdauer, Arbeiten am Feuer

## Material

50 g Weizensamen oder Vollkornmehl + Holzbrett mit Saftrinne oder flache Schale + Blechtasse + Feuer

## Anleitung

1. Es werden beliebig viele Samen von Gräsern und Wegerichen gesammelt und mit den Handflächen aus den Ähren gerieben. Die Samen werden von den Spelzen befreit, indem vorsichtig in die Handfläche gepustet wird. Frisch aufgeblühte Löwenzahnblüten werden gesammelt.

2. Mit einem runden Stein wird auf einem flachen das Korn gemahlen und zerquetscht, indem der Stein über die Samen gerollt und vorsichtig unter Pressen zurückgezogen wird. Gemahlenes Korn wird auf das Brettchen bzw. in die Schale gegeben.

3. Ist die gewünschte Menge erreicht, wird alles in die Tasse gegeben und je nach Ausbeute mit etwas zusätzlichem Mehl oder gequetschten Vollkornflocken sowie Löwenzahnblüten und mit ein wenig Wasser zu einem Teig vermengt.

4. Der Teig wird auf einem kleinen, flachen Holzbrettchen verstrichen und vorsichtig schräg an das Feuer gestellt. Der Teig bäckt durch die Strahlungshitze langsam durch, bis er fest ist. Verzehrfertig ist der Fladen oder Kräcker, wenn er sich bei leichtem Druck auf die Oberfläche nicht mehr eindellen lässt.

### Hinweis:

Mengen Sie genügend Vollkornmehl in den Teig, wird er fester und kann direkt auf der Glut geröstet werden. Hierzu wird er sehr flach gedrückt alle 30 Sekunden gewendet. Dabei erhält er ein sehr ansprechendes Aroma – besonders nach einer draußen verbrachten Nacht sind selbst gebackene Fladen mit Honig, Marmelade oder Nutella zum Frühstück ein Highlight!

# Angeln mit der Stipprute

Die Entscheidung, das Töten eines Wirbeltieres in ein Kinderbuch aufzunehmen, ist uns gewiss nicht leichtgefallen. Dennoch gehört der »Verbrauch« von Tieren zum Leben dazu. Tagtäglich begegnen Kindern Tiere in Form von Wurst, Fischstäbchen oder Burgern. Ebenso wie der Besuch eines Bauernhofs (später auch eines kleinen Schlachthofs) gehört auch der Fischfang dazu, wenn die Heranwachsenden sich Wissen über die Herkunft des Fleischs und damit eine Mündigkeit in wichtigen Entscheidungen aneignen wollen. Tatsächlich wird hier eine Wertschätzung des Lebens durch die direkte Verbindung mit dem Nutzen erzeugt: **Das Tier wird nur gefangen und getötet, wenn es verwertet wird. Sonst wird es geschont.**

Viele Kinder angeln schon selbst mit dem Jugendfischereischein oder begleiten die Großeltern oder Eltern bei der Jagd. Entgegen allen Erwartungen prägt dies die Kinder nicht zum gedankenlosen Töten, sondern im Gegenteil: Wenn Töten als aktive Entscheidung wahrgenommen wird, zertreten die Kinder keine Schnecken auf dem Weg oder zerquetschen Insekten – nur weil das eben Tiere sind.

Die Entscheidung, zum Nahrungserwerb ein Tier zu fangen, kann natürlich nicht alleine dem Kind aufgeladen werden. Deshalb ist im Vorfeld genau abzuschätzen, ob das Kind das Bedürfnis nach den größtenteils den Erwachsenen vorbehaltenen Tätigkeiten teilt. Sprechen Sie offen darüber, dass beispielsweise Fischstäbchen auch einmal als lebende Fische im Wasser geschwommen haben und getötet worden sind.

Das Fressen und Gefressenwerden ist in der Natur natürlich weit verbreitet. Auch hier ist die große Lehre, dass ein Tier, das ein anderes fängt oder tötet, dies nicht aus Tötungslust macht, sondern um sich zu ernähren – entsprechend ist diesem Tier auch nicht sein »schlechtes« Verhalten vorzuwerfen. Angeln ist darum besonders lehrreich, weil sich der Fischer den Erfolg durch Geduld, Wissen und Geschick erarbeiten kann – doch auch ohne Fang ist diese Tätigkeit sehr lehrreich, weshalb nicht der Fang als Ziel vermittelt werden sollte: Das ruhige Sitzen am Wasser, das Beobachten der Tiere, des Windes, der Wasserpflanzen, während man sich gleichzeitig auf das Angeln konzentrieren muss, ist eine Tätigkeit, zu der es keine Entsprechungen gibt.

Der Fang des ersten eigenen Fischs gehört zu den Highlights für einen jungen Menschen. Das Angeln ist allerdings gesetzlich reglementiert. Ggf. wird zumindest für den erwachsenen Begleiter eine entsprechende Erlaubnis vorausgesetzt, wobei es auch Alternativen gibt: Kommerzielle Angelteiche dürfen ohne Fischereischein beangelt werden und manche Bundesländer haben Ausnahmeregelungen. Außerdem kann das »Mithalten« der Angel eines erwachsenen Fischers und das Mithelfen beim Versorgen des Fangs ebenso faszinierend sein wie selber zu angeln.

**Vermittelt werden sollte, dass Fische – wie jedes Lebewesen – wichtig und wertvoll sind.** Nur wenn der Fisch getötet, ausgenommen, geschuppt, gegrillt und verzehrt werden wird, sollte er auch beangelt werden.

Allerdings sollte das Tier keinesfalls gegen den Willen des Kindes getötet werden! Manchmal entscheiden sich Kinder nämlich um, wenn das Fischlein erst einmal am Haken hängt. In diesem Notfall lösen Sie den Fisch (weshalb Schonhaken ohne Widerhaken verwendet werden sollten) und setzen ihn gemeinsam zurück. Das Zurücksetzen ist jedoch ganz klar tierschutzwidrig und es sollte sich dabei um eine einzelne Ausnahme handeln.

Ideal für diesen Workshop eignen sich Sonnen- oder Flussbarsche, die in jedem klaren Gewässer in Europa vom Rand aus auf Sicht befischt werden können. Diese Tiere haben Stacheln in den Flossen und vermitteln außerdem bei unachtsamem Hantieren gut, aber ungefährlich die Wehrhaftigkeit auch von kleinen Tieren.

Wenn möglich, sollte die Zubereitung des Fischs direkt nach dem Fang erfolgen, da hier die direkte Verbindung zwischen Tierfang und Nahrungserwerb vorhanden bleibt.

Alternative: Wer mit dem Kind noch keine echten Fische angeln möchte, kann hier das »Befischen« von selbst gebastelten Moosgummi- oder Styroporfischchen aus dem Wasser als »Geschicklichkeitsübung« einbauen und dies als Lernziel erklären. Dabei muss versucht werden, mit dem Haken eine Öse im Kunstfisch zu treffen. Hier sind in aller Regel keine besonderen Voraussetzungen zu beachten, sofern es sich nicht um eine fangfähige Montage handelt (nur ein gebogener Nagel ohne Köder) und alle Zubehörteile wieder nach Hause mitgenommen werden.

## Lernziele

Knotentechniken, selbstständiges Arbeiten mit dem Messer, konzentrierte Ruhe am Wasser, Geschicklichkeit, eigenständige Entscheidungen treffen, Bezug zwischen Lebewesen und der Nahrungskette herstellen (Mensch isst Fisch – Fisch frisst Raupe – Raupe frisst Blätter)

## Material

2 Meter Nylongarn + eine zurechtgebogene Nähnadel oder 14er-Ösenhaken bzw. mit Vorfach montierte Haken mit angedrücktem Widerhaken (oder Schonhaken) + Holzstäbchen als Hakenlöser + Messer + ein Holzstab mit 1 cm Durchmesser, 30 cm lang

## Anleitung

1. Eine rund 1,5 Meter lange Rute wird geschnitten (Schnitttechnik »Abschneiden«).

2. An die dünne Spitze wird die Angelleine gebunden (Knoten 3).

3. Die Leine wird so gekürzt, dass sie etwas kürzer ist als die Rute.

4. An das Ende wird der Angelhaken oder die Vorfachschlaufe geknotet und Leinenüberstände abgeschnitten (Knoten 3).

5. An dem Haken wird eine Angelmade oder ein Naturköder so befestigt, dass die Hakenspitze frei ist (nicht notwendig bei gebastelten Fischchen).

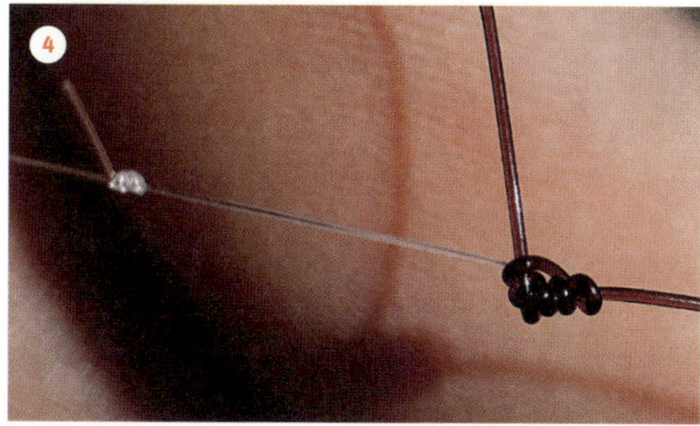

**Hinweis:**

Sie sollten nur mit Schonhaken angeln – sie lassen sich besser lösen und sind bei Verletzungen weniger gefährlich. Finden Sie keine im Laden, können Sie Widerhaken auch mit einer dünnen Zange andrücken.

6. Haken und Köder werden über dem Fisch in das Wasser gelassen, wo beides nach unten sinkt.

7. Durch Korrigieren mit der Rutenspitze wird der Köder in Fischnähe gebracht.

8. Beißt ein Fisch an, wird er durch gleichmäßigen Zug an das Ufer gehoben.

9. Mit der von vorne als Ring um den Fisch gelegten Hand kann man ihn fassen, ohne sich zu stechen.

10. Vor dem weiteren Hantieren wird der Fisch durch gezielte Schläge (bei kleinen Fischen nicht zu fest schlagen) zwischen die Augen betäubt.

11. Mit einem Schnitt wird die Ansatzstelle der Kiemenbögen auf der Bauchseite (etwa auf Höhe der Augen) durchtrennt.

12. Nun kann der Fisch enthakt werden, indem das Hakenlöserstäbchen vorsichtig an den Hakenbogen gedrückt wird. Durch den fehlenden Widerhaken geht das meist einfach.

13. Der Fisch wird vorsichtig gehalten und der Bauch wird längs aufgeschnitten.

14. Alle Organe (14a) werden herausgezogen und die schwarze Niere an der Wirbelsäule (14b) herausgekratzt.

15. Der Fisch wird vorsichtig (Achtung: Stacheln, Messerklinge) gehalten und mit dem Messer vom Schwanz zum Kopf hin geschuppt.

16. Der Fisch ist nun »küchenfertig« und kann entweder auf einem Stock gegrillt oder zu Hause in Butter angebraten werden.

11
12
13
14a
14b
15
16

# Ein Wurfholz schnitzen

Gebogene Stöcke wurden schon seit der Steinzeit auf allen Kontinenten zur Jagd verwendet. Australische Bumerangs bzw. Kylies (so werden die Wurfhölzer genannt, die nicht in einem Bogen zurückfliegen) sind nur die heute bekanntesten Formen. Die relativ simplen Waffen haben sich zum Allzweckwerkzeug entwickelt und konnten nicht nur für die Jagd verwendet werden, indem sie auf Vögel oder kleinere Wildtiere geschleudert wurden, sondern auch zum Graben, Ernten von Gräsern, Dreschen und natürlich ebenfalls zum Pflücken hoch wachsender Früchte.

Das Prinzip ist dabei denkbar einfach – und dennoch physikalisch verblüffend. Durch die Rotation bildet das Wurfholz eine »Scheibe«, weshalb es sehr gerade und gezielt fliegen kann. Gleichzeitig verhindern Luftwiderstand und Biegung, dass das Wurfholz sich gegen den Wind dreht und zu Boden taumelt. So bietet das relativ schwere Holz kaum Luftwiderstand und kann viel weiter fliegen als ein vergleichbar schwerer Ast.

Zusätzlich zur Flugbewegung speichert die Eigenrotation eine Menge Energie. Schnell rotierend, aber nur langsam geworfen, ist der Aufschlag der Holzkante dennoch sehr stark.

Aus diesem Grund sollten Wurfgeschosse nur auf Feldern oder vergleichbar freien und gut einsehbaren Flächen eingesetzt werden.

Beim Bau sollte das Kind unterstützt werden. Ziel ist es, einen besonders stark gebogenen Ast zu finden (solche findet man oft an flachen Hängen), der etwa 3 cm im Durchmesser hat. Er muss nicht wie ein Bumerang symmetrisch geformt sein, sondern darf auch L-förmig sein.

Das Holz kann mit einer kleinen Handsäge oder einer Astschere vorgekürzt werden, da Schnitte quer zur Faser für Kinder sehr schwierig sind. Nachdem also das Material ausgewählt wurde, wird das Holz mit dem Messer in Form gebracht und später mit Sandpapier oder an Steinen rundgeschliffen.

Neben dem Bau des Wurfholzes bietet auch der Einsatz, also der Zielwurf, eine gute Gelegenheit, um Zeit in der Natur zu verbringen. Mit wenig Übung kann beim Wurf eine bestimmte Richtung eingehalten werden. Dadurch, dass der Bumerang nicht besonders weit, sondern in eine bestimmte Richtung fliegen soll, lernt das Kind, die verfügbare Kraft zu kontrollieren und nur wohldosiert einzusetzen.

Es versteht sich von selbst, dass nicht auf lebende Tiere, sondern nur auf Pappkameraden oder vergleichbare Ziele geworfen wird. Dabei sollte das Ziel nicht zu nah und nicht zu weit weg aufgestellt werden. Ideal sind Entfernungen von 15 – 20 Metern. Das Ziel soll nun getroffen werden – oder als Variation: ein Wurf soll möglichst nah an einem Ziel landen, ohne es zu treffen.

Es sollte darauf geachtet werden, dass es eine »Wurflinie« gibt, über die während des Werfens nicht getreten werden darf. Sind mehrere Werfer involviert, müssen sie, nachdem sie an der Reihe waren, warten, bis alle fertig sind und das Feld zum Zurückholen freigegeben wird.

Das Wurfholz sollte besonders sorgfältig gebaut werden, denn es ist sehr robust und kann das Kind bis ins Erwachsenenalter begleiten, wenn es nicht über die Jahre verloren gehen sollte. An Regentagen kann das Wurfholz mit Farbe oder Schnitzkerben verziert werden und erhält so mit der Zeit eine ganz eigene Geschichte. Vielleicht stellen Sie mit der Zeit gemeinsam eine ganze Serie unterschiedlicher Wurfhölzer her, die allesamt leicht unterschiedlich fliegen und damit verschiedene Einsatzzwecke haben (Fernwurf, Nahwurf, Zielwurf, Taumelwurf und so weiter). Die Flugart lässt sich nur mit viel Erfahrung von der Form des Wurfholzes ableiten – deshalb ist es immer wieder spannend, ein neues Wurfholz zu bauen und auszuprobieren.

## Lernziele

Arbeiten mit Holz, Erkennen von Wachstumsfasern, Sicherheit mit Messer, Verantwortung für eigene Entscheidungen, Bewegung und Disziplin (wer wirft, der holt)

## Material

Kleine Astsäge oder Astschere + Taschenmesser + Ziel + ggf. Leine für die Abwurflinie

## Anleitung

1. Es wird ein geeignetes Holzstück gesucht. Je stärker es gebogen ist, desto besser lässt es sich werfen. Allerdings sollte es keine Astgabel oder ein ähnlich verwachsenes Holzstück sein, da diese Bereiche sehr stark mit Astlöchern durchwachsen sind und sich schwer verarbeiten lassen.

2. Das Holzstück wird mit einer Säge oder einer Astsäge freigeschnitten. Bei der Längenberechnung sollte gemessen werden: Strecke vom Ellenbogen bis zu den ausgestreckten Fingern sowie etwa + 15 cm auf jeder Seite zum Greifen beim Bearbeiten.

3. Mit dem Messer wird das Holz auf zwei gegenüberliegenden Seiten zur Mitte hin abgeflacht. Dabei sollte nicht gespalten werden, da die unregelmäßigen Fasern an gebogenem Holz oft schräg laufen und das Werkstück zerstört werden kann. Entweder wird mit dem »Stützschnitt« oder mit dem »Standard-Schnitt« gearbeitet.

4. Ist das Werkstück noch etwa 1 cm dick, werden die dünnen Kanten vorne und hinten etwas abgerundet.

5

6

7

5. Die stumpf auslaufenden Enden werden zur gewünschten Länge kreisrund angezeichnet, das Wurfholz jeweils etwa 1 cm davon entfernt gekürzt.

6. Die runde Form wird nun mit dem Standard-Schnitt (Haltehand weit entfernt von der Schnittstelle halten!) ausgearbeitet.

7. Mit Sandpapier oder einem Stein wird das Wurfholz noch geschliffen, damit keine Holzfasern und scharfen Kanten mehr vorhanden sind. Wenn das Werkstück aus durchgetrocknetem Holz gefertigt ist, kann es gleich etwas eingeölt werden, dann reißt es nicht, wenn es mal im Matsch gelandet ist. Feuchte Wurfhölzer werden erst einige Wochen nach Herstellung geölt.

**Zielübungen:** Mit zwei Stöcken und einer Leine wird eine Abwurfzone markiert. Vor hier aus muss das Ziel getroffen werden. Dem Zielen folgen zwei Bewegungen: eine einfache Wurfbewegung wie beim Beschleunigen eines Balls sowie die zeitlich etwas verzögerte Rotation durch das Handgelenk (siehe unten). Letztere wird noch weitergeführt, wenn der Arm gestreckt ist. Mit etwas Übung kann so sehr präzise geworfen werden.

**Hinweis:**

Üben Sie den Wurf auf einem freien Feld oder an einem Hang – das verhindert Kollateralschäden und vereinfacht das Wiederfinden.

Workshop zu Kapitel 11: Rauchzeichen

# Zu Hause ankommen

Wenn Sie gemeinsam einen Tag lang draußen waren, kann es wichtig sein, das Erlebte nochmal zu besprechen und aufzubereiten. Sie werden sicherlich am besten wissen bzw. bemerken, ob das Bedürfnis zur unmittelbaren Nachbesprechung besteht oder ob eine heiße Badewanne und das Bett die bessere Alternative sind.

Es sollte nicht vergessen werden, dass für Kinder jede Entfernung doppelt so lang ist, alle Tiere und Pflanzen doppelt so groß und dass damit auch alle (dazu noch neuen) Eindrücke viel intensiver wahrgenommen werden als von einem Erwachsenen, was nach einem Tag Naturarbeit sehr müde machen kann.

Dennoch können Sie sich angewöhnen, bestimmte Dinge später nochmal vom »sicheren« Standort aus aufzuarbeiten. Teilweise kann diese Aufbereitung des Tages auch schon beim Heimweg oder noch vor Ort erfolgen:

- Was könnte man das nächste Mal besser machen (Technik, Vorbereitung, Aktionsort)?
- Welche Bedürfnisse können besser abgedeckt werden (Essen, Trinken, Müdigkeit beim Heimweg, Kälte, Sonnenschutz)?
- Wie können die Techniken verschiedener Workshops in Zukunft miteinander kombiniert werden?
- Welche Fragen sind offen geblieben, die Sie recherchieren müssen (Pflanzen, Tierspuren)?
- Was wurde heute alles gemacht, was wurde gesehen?
- Wurden die Erwartungen befriedigt? Wenn nicht: Wie könnte man variieren?

Ideal ist es, wenn Sie manche Dinge tatsächlich greifbar mit nach Hause nehmen können und so ein »Waldfundus« entsteht, der immer weiter wächst und vielseitiger wird:

- Von jedem Abenteuer werden ein paar Pflanzen mit nach Hause genommen, gemeinsam bestimmt und ein Herbarium angelegt.
- Kleine Tiere wie Spinnen und Asseln können in einem Glas mit durchlöchertem Deckel zum Zeigen und Beobachten mitgenommen werden. (Danach natürlich wieder in geeignetem Biotop freilassen.)
- Spezielle Ausrüstung, Werkzeuge oder Werkstücke (Wurfholz, Angelrute etc.) können in einer gemeinsamen »Abenteuerbox« verstaut werden, aus der man sich für spontane Tagesaktionen schnell bedienen kann, wodurch Hemmnisse, rauszugehen, abgebaut werden.
- Eigene Anleitungen, Workshops, Geschichten und Ideen sind in einem Order abgeheftet ideal, um sich für einen freien Tag oder unterschiedliche Wetterlagen etwas Geeignetes herauszusuchen.
- Im Logbuch alle gelernten oder geübten Techniken vermerken.

Last but not least ist es natürlich müßig, die Weiterentwicklung eines Kindes voraussehen zu wollen. Ob sich ein Kind über das Vehikel Survival für Natur und Umwelt interessieren wird, ist letztendlich *seine* eigene Entscheidung.

Für eine gesteigerte Wertschätzung der Tier- und Pflanzenwelt wäre es natürlich toll, wenn Ihr Schützling sich irgendwann alleine auf seine eigene große Abenteuerreise macht.

Den Grundstein dazu, dass die Natur als geschichtenreiche Umwelt wahrgenommen wird, haben Sie mit dem gemeinsamen Durcharbeiten des Buchs gelegt.

## Weiterführende Literatur

Wenn Sie als Eltern jetzt Lust haben, noch tiefer in die Materie einzutauchen, können Sie Ihre Outdoor-Kenntnisse und -Fähigkeiten mit den folgenden Büchern erweitern.

**Outdoor-Survival**

Outdoor-Abenteuer für die Großen: Ausgestattet nur mit einem Messer, kann man draußen weit kommen, wenn man die geeigneten Techniken zum Überleben ohne weitere Ausrüstung kennt.

**Tierische Notnahrung**

Ob Insekten, Maden, Krebse, Ratten, Schnecken oder Schildkröten – so verschieden diese Tiere sind, sind sie doch alle nahrhaft und leicht zu fangen. Wenn man sie richtig zubereitet, sind einige sogar echte Delikatessen.

**Wildpflanzen bestimmen**

Beim Sammeln von Pflanzen und Wildkräutern können Verwechslungen schlimme Folgen haben. Die Kombination aus Bild und Text ermöglicht es den Nutzern dieses Buches, eine unbekannte Art anhand von »Ja-Nein«-Abfragen schnell und sicher zu bestimmen.

**Trinkwasserversorgung**

Dieses Buch versetzt Trekkingreisende, Freizeitwanderer und Survivalisten in die Lage, sich aus der Natur mit trinkbarem Wasser zu versorgen. Sie lernen, wo sich Wasser finden lässt, woran man seine Genießbarkeit erkennt und wie man es aufbereiten kann.

## Bonusmaterial online

Ausrüstungsempfehlungen, Packlisten, Aktualisierungen und zusätzliche Informationen finden Sie unter **Vivalranger.com** im Bereich »Bücher«.

## Danke!

Wir danken unserer wunderbaren Lektorin Susanne Fischer, der Familie Lindner (ein besonders großes Dankeschön geht an Jule und Moritz), Sepp Fischer mit Familie, unseren eigenen Eltern und den guten alten Hörspielen der Drei ???.